Gobernanza de reguladores

Impulsando el desempeño de la Agencia de Seguridad, Energía y Ambiente de México

Por favor, cite esta publicación de la siguiente manera:
OCDE (2017), *Impulsando el desempeño de la Agencia de Seguridad, Energía y Ambiente de México*, Gobernanza de reguladores, Éditions OCDE, París.
http://dx.doi.org/10.1787/9789264280991-es

ISBN 978-92-64-28100-4 (impresa)
ISBN 978-92-64-28099-1 (PDF)

Serie: Gobernanza de reguladores
ISSN 2522-2198 (impresa)
ISSN 2522-2201 (en línea)

Prólogo

Los órganos reguladores ayudan a asegurar el acceso y la calidad de los servicios públicos, facilitan la inversión y protegen la neutralidad del mercado. Una buena gobernanza interna y externa de los órganos reguladores es crucial para asegurar que cumplan estas funciones y actúen eficazmente. La gobernanza interna incluye las estructuras organizacionales, el comportamiento, la rendición de cuentas, los procesos de negocio, la presentación de informes y la gestión del desempeño, mientras que la gobernanza externa implica roles, relaciones y la distribución de poderes y responsabilidades con otras instituciones gubernamentales y no gubernamentales. La OCDE ha desarrollado un marco innovador que apoya la buena gobernanza externa e interna al ayudar a los órganos reguladores a evaluar las funciones, las prácticas y el comportamiento, e identificar los impulsores del desempeño.

El marco se ha aplicado a la gobernanza regulatoria del sector energético de México en un momento decisivo, luego de una reforma estructural iniciada en 2013 que ha abierto el sector energético y revisado el papel y las funciones de sus instituciones reguladoras. Este informe se centra en la gobernanza interna de la Agencia de Seguridad, Energía y Ambiente (ASEA) de México y se ha llevado a cabo paralelamente a los estudios de la Comisión Nacional de Hidrocarburos (CNH) y la Comisión Reguladora de Energía (CRE). El informe sigue el estudio de la gobernanza externa del sector energético (*Impulsando el desempeño de los órganos reguladores en materia energética de México*), publicado en enero de 2017. En ese estudio se señaló la necesidad de mejorar las instituciones y procesos que, en un nivel superior, fortalecen la claridad de roles, coordinación y planificación en un contexto institucional nuevo y complejo, y, posteriormente, establecen la rendición de cuentas de los objetivos y resultados acordados. En conjunto, estos cuatro informes constituyen un cuerpo integral de trabajo sobre la buena gobernanza regulatoria del sector energético de México. Identifican sinergias, soluciones conjuntas y elementos constitutivos de un ecosistema para la buena gobernanza reguladora de un sector económico clave.

Este estudio considera que es fundamental mejorar los sistemas de gobernanza internos en los tres órganos reguladores para garantizar que estén completamente preparados para apoyar la implementación de la reforma energética. Establece recomendaciones para activar un sistema integrado de órganos reguladores en materia energética y apoyar el cambio organizacional dentro de la ASEA y los otros órganos reguladores. Incluye la creación de un Grupo de Reguladores en materia Energética (GRE) para implementar el trabajo conjunto y coordinar y compartir información. El GRE podría respaldar un estudio colectivo coordinado de las fuentes y necesidades financieras posteriores a 2019 y establecer un servicio profesional de carrera integrado de los órganos reguladores en materia energética, que incluya intercambio de personal y mecanismos de reclutamiento compartidos, y un registro conjunto de gestión de riesgos. También hay oportunidades de sinergia en las plataformas de tecnologías de la información y la comunicación (TIC) y en línea, por ejemplo para la presentación de datos por entidades reguladas, así como en la armonización y coordinación de indicadores relacionados con las actividades básicas.

Las sinergias y las acciones conjuntas deben basarse en reformas específicas dentro de cada órgano regulador. El estudio de la gobernanza interna de la ASEA concluye que la Agencia ha obtenido resultados significativos al establecer procesos de gestión interna en sus primeros años de operación. Consolidar estos avances en el funcionamiento interno de la ASEA en 2017-18 será un componente clave para la implementación exitosa de la reforma energética de México. Si bien la ASEA, como agencia ministerial, tiene un estatus diferente al de los otros dos órganos reguladores, obtendrá un gran beneficio al ser miembro de pleno derecho del GRE. Además, es necesario dejar en claro su mandato y sus funciones en la legislación secundaria unificada. La ASEA también se vería favorecida de la mejora en la rendición de cuentas, con la creación, por ejemplo, de un órgano interno de control (OIC) y la incorporación de medidas de transparencia en todas sus actividades. Por último, la ASEA ya estableció un marco general de planificación estratégica y evaluación del desempeño para orientar sus actividades de planificación y supervisión; esto podría reforzarse mediante la actualización de algunos objetivos e indicadores.

Este informe es parte del programa de trabajo de la OCDE relacionado con la gobernanza de los órganos reguladores y la política regulatoria encabezada por la Red de Reguladores Económicos de la OCDE (Network of Economic Regulators, NER) y el Comité de Política Regulatoria de la OCDE con el respaldo de la División de Política Regulatoria de la Dirección de Gobernanza Pública de la OCDE. La misión de la Dirección es ayudar al gobierno en todos los niveles a diseñar e implementar políticas estratégicas e innovadoras basadas en pruebas fehacientes. La meta es apoyar a los países a construir mejores sistemas de gobierno e implementar políticas, en el ámbito nacional y regional, que conduzcan al desarrollo económico y social sostenible.

Agradecimientos

Este informe fue coordinado y preparado por Anna Pietikainen. El trabajo que sustenta el informe lo encabezaron Filippo Cavassini y Faisal Naru, con aportaciones sustanciales de Filippo Cavassini, Mark McLeish, Faisal Naru y Guillermo Morales, además del impulso y apoyo de Rolf Alter, director, Luiz de Mello, director adjunto, y Nick Malyshev, jefe de la División de Política Regulatoria, Dirección de Gobernanza Pública. Jennifer Stein coordinó el proceso editorial. Marie Faurie, Kate Lancaster y Andrea Uhrhammer brindaron apoyo editorial. Alejandro Camacho del Centro de la OCDE en México dio apoyo para la traducción del informe al español.

El equipo incluyó a seis revisores de pares, miembros de la Red de Reguladores Económicos (Network of Economic Regulators, NER) de la OCDE, que participaron en una misión de políticas en México e hicieron amplias aportaciones y proporcionaron retroalimentación durante el desarrollo del estudio: Josée Touchette, de la Oficina Nacional de Energía (National Energy Board, NEB), Canadá; Martín Osorio, jefe del Departamento de Regulación Económica de la Comisión Nacional de Energía (CNE), Chile; Jorunn Elise Tharaldsen, jefe de la Sección de Salud y Seguridad Ocupacional de la Autoridad de la Seguridad del Petróleo (Petroleum Safety Authority, PSA), Noruega; Juan Enrique Gradolph Cadierno, director de Relaciones Internacionales de la Comisión Nacional de los Mercados y la Competencia (CNMC), España; Andrew Burgess, miembro asociado de la Oficina de Mercados de Gas y Electricidad (Office of Gas and Electricity Markets, OFGEM) Reino Unido, y Alan Sutherland, director ejecutivo de la Comisión de la Industria del Agua de Escocia (Water Industry Commission for Scotland, WICS), Reino Unido.

El informe no hubiese sido posible sin el apoyo de la Agencia de Seguridad, Energía y Ambiente (ASEA) y su personal. El equipo quisiera agradecer en particular a los siguientes colegas por su extraordinaria ayuda para recabar datos e información, organizar las misiones del equipo en México y proporcionar retroalimentación en distintas etapas del desarrollo del estudio: Carlos de Régules, director ejecutivo; Luis Martínez Montoya, jefe de Personal; Jimena Marván Santín, directora de la Unidad de Planeación, Vinculación Estratégica y Procesos; Laura Lira Urdiana, directora general de Cooperación International, y Patricia Angélica Quiles Martínez, subdirectora de Vinculación Estratégica.

Se analizó un borrador del informe en la Red de Reguladores Económicos de la OCDE y se presentó al Comité de Política Regulatoria en abril de 2017.

Índice

Cuadros

Gráficas

Acrónimos y abreviaturas

ASEA	Agencia de Seguridad, Energía y Ambiente
CCSE	Consejo de Coordinación del Sector Energético
CENACE	Centro Nacional de Control de Energía
CENAGAS	Centro Nacional de Control del Gas Natural
CFE	Comisión Federal de Electricidad
CNH	Comisión Nacional de Hidrocarburos
CNIH	Centro Nacional de Información de Hidrocarburos
CNMC	Comisión Nacional de los Mercados y la Competencia, España
COFEMER	Comisión Federal de Mejora Regulatoria
CRE	Comisión Reguladora de Energía
DOF	Diario Oficial de la Federación
EIR	Evaluación del Impacto Regulatorio
FMP	Fondo Mexicano del Petróleo para la estabilización y el desarrollo
GRE	Grupo de Reguladores en materia Energética
ICD	Indicadores clave de desempeño
LFPA	Ley Federal de Procedimiento Administrativo
LORCME	Ley de los órganos reguladores coordinados en materia energética

NEB	Oficina Nacional de Energía de Canadá (*National Energy Board*)
OIC	Órgano interno de control
PEMEX	Petróleos Mexicanos
PROFECO	Procuraduría Federal del Consumidor
PSA	Autoridad de la Seguridad del Petróleo de Noruega (*Petroleum Safety Authority*)
SE	Secretaría de Economía
SEMARNAT	Secretaría de Medio Ambiente y Recursos Naturales
SEMS	Sistema de Administración de la Seguridad y Protección del Medio Ambiente (*Safety and Environmental Management Systems*)
SENER	Secretaría de Energía
SFP	Secretaría de la Función Pública
SHCP	Secretaría de Hacienda y Crédito Público
SPC	Servicio Profesional de Carrera
STPS	Secretaría del Trabajo y Previsión Social
WICS	Comisión de la Industria del Agua de Escocia (*Water Industry Commission for Scotland*)

Resumen ejecutivo

La Agencia de Seguridad, Energía y Ambiente (ASEA) es un órgano regulador técnico responsable de la seguridad industrial y operativa, y de la protección ambiental en el sector de hidrocarburos de México. Supervisa las actividades en la cadena de valor de hidrocarburos, desde la exploración y extracción *upstream* hasta la transformación *midstream* y *downstream,* producción y almacenamiento, así como la distribución y venta al por menor en la estación de servicio.

Creada en 2015 como resultado de la reforma energética de México, la ASEA superó admirablemente los retos iniciales ligados a su operacionalización, sobre todo al absorber facultades de diversos actores, emitir reglamentos para áreas antes no reguladas, y definir e implementar los procesos de gestión sólida. La consolidación de estos resultados y procesos será fundamental para la implementación satisfactoria de la reforma energética en los años venideros.

Función y objetivos del regulador

La ASEA es una agencia desconcentrada de la Secretaría de Medio Ambiente y Recursos Naturales (SEMARNAT), lo cual la distingue significativamente de los otros dos órganos reguladores en materia energética, la Comisión Nacional de Hidrocarburos (CNH) y la Comisión Reguladora de Energía (CRE).

La ASEA también trabaja en un marco jurídico más complejo que sus homólogos, debido a la transferencia de facultades y funciones de diversos actores federales y estatales después de su creación en 2015. Conforme a su mandato, a la ASEA también se le pide que se coordine con diversas partes interesadas. Estas características hacen fundamental que sea miembro de pleno derecho del sistema integrado de órganos reguladores en materia energética.

La ASEA ha conseguido considerables avances en la definición de sus objetivos estratégicos y del marco de desempeño complementario en sus primeros años de operaciones. Estos podrían ampliarse en una visión de mediano y largo plazo.

Recomendaciones clave

- Crear un Grupo de Reguladores en materia Energética (GRE), cuerpo colegiado que congregaría a los tres órganos con el fin de implementar trabajo conjunto, compartir información y facilitar la coordinación.
- Funcionar como miembro de pleno derecho de un sistema integrado de órganos reguladores en materia energética (el GRE y el Consejo de Coordinación del Sector Energético, CCSE) y promover una cultura de independencia dentro de la ASEA para compensar la menor autonomía jurídica de la Agencia.
- Terminar el reglamento unificado de la ASEA para aclarar el mandato y las funciones.
- Examinar y afinar detalles del marco estratégico para incluir objetivos de mediano y largo plazo en cuestión de normativa de alto nivel.

Aportación

Como entidad desconcentrada de la SEMARNAT, la ASEA se rige por las normas y procedimientos de la SEMARNAT para la gestión de recursos financieros y humanos, lo cual resulta complicado. Por ley, el financiamiento de la ASEA proviene del presupuesto federal y de sus propios ingresos, pero no recibe fondos de las entidades reguladas y aún no establece el fideicomiso que recibiría estos recursos.

La ASEA ha analizado e implementado estrategias para atraer y retener personal en un contexto difícil debido a la competencia del sector privado y la falta de flexibilidad dentro del sistema federal. Vale la pena proseguir estos esfuerzos en colaboración con la CNH y la CRE.

Recomendaciones clave

- Congregar a los órganos reguladores en materia energética para revisar colectivamente los recursos y necesidades financieros, establecer un servicio profesional de carrera integrado de los órganos reguladores en materia energética, mutualizar los recursos digitales y desarrollar la capacidad analítica de datos.
- Analizar y promover firmemente soluciones que incrementen la agilidad y autonomía institucional de la ASEA, incluyendo un acuerdo presupuestario plurianual y el establecimiento del Fideicomiso de la ASEA.
- Establecer un comité de gestión de recursos que haga evaluaciones regulares y reasigne los recursos, funciones y procesos.

Proceso

El director ejecutivo (DE) de la ASEA es nominado por el titular de la SEMARNAT y lo designa el presidente de la República. La mayoría de las decisiones vinculadas al trabajo técnico y la gestión de la Agencia las toma el director ejecutivo.

Como todas las entidades federales, la ASEA es responsable ante el Congreso, pero presenta sus informes anuales al Consejo Técnico encabezado por el secretario. La ASEA puede ser exhortada a comparecer ante el Congreso, pero las audiencias no son sistemáticas.

La ASEA ha implantado salvaguardas para evitar conflictos de interés mediante un código de conducta que regula estrictamente la interacción con las entidades reguladas. A diferencia de la CNH y la CRE, el código de la ASEA no instaura un mecanismo de supervisión.

La ASEA sigue los requisitos federales para la vinculación y también establece mecanismos de consulta en la etapa preliminar. Se prevé que el reglamento unificado mejorará la calidad general de las actividades regulatorias de la ASEA.

Recomendaciones clave

- Crear una estrategia de gestión de riesgos conjunta para el sector energético, así como procesos adaptados para mejorar la calidad regulatoria, tales como un marco armonizado para la vinculación sistemática.

- Estimular e incluir una dimensión de transparencia en todas las actividades de la ASEA para fomentar la confianza en el órgano regulador e impulsar su cultura de independencia.
- Promover la creación de un órgano de control interno específico para la ASEA.
- Examinar el actual modelo de gobernanza de la Agencia y analizar opciones para la mayor continuidad en la toma de decisiones y una supervisión concreta de la planeación estratégica.
- Cerciorarse de que el reglamento unificado refleje buenas prácticas regulatorias, como la simplificación administrativa.

Rendimiento y resultados

La ASEA ha avanzado en la definición de objetivos estratégicos y un marco de monitoreo, incluidos los indicadores. Para consolidar estos resultados, el marco deberá reflejar un equilibrio apropiado entre los tipos de indicadores y ofrecer visibilidad de mediano a largo plazo a la Agencia. De igual modo, la ASEA necesita garantizar que cuenta con habilidades y recursos suficientes para procesar y analizar los datos que serán enviados a las entidades reguladas para informar debidamente sobre el desempeño del sector.

Recomendaciones clave

- Establecer indicadores de desempeño organizacional, cuando sea posible, en colaboración con los otros órganos reguladores en materia energética e informar periódicamente sobre estos al CCSE.
- Desarrollar una metodología para interactuar con la industria sobre su desempeño, con base en el análisis de los datos presentados.

Evaluación y recomendaciones

Esta evaluación se centra en los mecanismos de gobernanza interna de la Agencia de Seguridad, Energía y Ambiente (ASEA) de México. Es el resultado de un estudio del organismo realizado en paralelo con análisis de la Comisión Nacional de Hidrocarburos (CNH) y la Comisión Reguladora de Energía (CRE). La evaluación y las recomendaciones sobre la gobernanza externa de los tres organismos se presentan en *Impulsando el desempeño de los reguladores en materia energética de México* (OCDE, 2017), y se centran en la coordinación y las relaciones con otros actores federales y sectores interesados. Los estudios sobre la gobernanza interna de la CNH y de la CRE se presentan aparte en otros informes.

El estudio de la gobernanza interna de los tres órganos reguladores mexicanos destaca diversos retos y oportunidades comunes para sinergias y soluciones conjuntas mediante el establecimiento de un sistema integrado de órganos reguladores en materia energética, además de acciones específicas para cada órgano regulador. Con base en estas sinergias, en los retos compartidos y las soluciones conjuntas entre los tres reguladores de México, las recomendaciones se estructuran en dos grupos: primero, recomendaciones para el sistema integrado de órganos reguladores en materia energética comunes a la ASEA, la CNH y la CRE, y segundo, recomendaciones específicas para la ASEA.

Función y objetivos del órgano regulador

La ASEA es un órgano regulador establecido en 2015 que supervisa la seguridad operativa y la protección ambiental del sector de hidrocarburos de México. Tiene responsabilidades en toda la cadena de valor de los hidrocarburos, desde la exploración y extracción *upstream*, hasta la transformación *midstream* y *downstream*, producción y almacenamiento, así como la distribución y venta al por menor en gasolineras, convirtiéndolo en un regulador técnico globalmente único.

Consolidar los avances de la ASEA y su funcionamiento interno en 2017-18 será un componente clave de la implementación efectiva de la reforma energética de México. La ASEA fue creada como resultado de la ambiciosa reforma energética de 2013-14, y ha manejado admirablemente los retos vinculados a sus dos primeros años de operaciones desde su inicio en marzo de 2015. Los retos incluyen:

- Gestionar la transferencia de facultades de diversos actores (empresas públicas, entidades federativas, órganos reguladores y secretarías competentes)
- Emitir, en tiempo récord, reglamentos para áreas antes no reguladas; y
- Definir e implementar prácticas administrativas sólidas que respalden su planeación y funcionamiento internos.

Después de un periodo inicial durante el cual las actividades se guiaban por reacciones a prioridades apremiantes para sentar las bases para la implementación de la reforma, y a medida que las actividades de la ASEA se estabilicen, será preciso seguir reforzando estos resultados y procesos en el mediano y largo plazo.

La ASEA es un órgano desconcentrado de la Secretaría de Medio Ambiente y Recursos Naturales (SEMARNAT), lo que lo separa significativamente de los otros dos órganos reguladores del sector energético (la CNH y la CRE, que gozan de autonomía respecto de la secretaría y siguen la normativa del sector establecida por la Secretaría de Energía). La ASEA se rige por los mecanismos y procesos de la SEMARNAT, en particular para la gestión financiera y administrativa, el desarrollo de la reglamentación o la auditoría y supervisión de sus actividades. Sin embargo, la ASEA interviene en un sector donde la SEMARNAT tiene limitada experiencia y conocimientos técnicos. Además de esta falta de correspondencia percibida entre la ASEA y la SEMARNAT, el estatus de la ASEA como órgano desconcentrado requiere que solicite autorización de la SEMARNAT para proceder con la mayoría de sus transacciones administrativas, desde definir su presupuesto hasta llevar a cabo actividades relacionadas con adquisiciones. Esos procesos onerosos podrían obstaculizar la eficiencia regulatoria, en especial en caso de incidentes en los que, por ejemplo, se requiera el despliegue de recursos humanos en poco tiempo. Por lo tanto, armonizar el estatus de los tres órganos reguladores en materia energética contribuiría a la coherencia general del sistema integrado de órganos reguladores. Más aún, reforzaría la capacidad de la ASEA para cumplir su mandato de garantizar la seguridad y la protección ambiental en el sector de hidrocarburos. La implementación de procesos de gestión de clase mundial, así como de estrictas medidas de transparencia y rendición de cuentas, contribuiría a que la ASEA avanzara hacia esta meta y ayudaría a crear una cultura de independencia dentro del órgano.

Los objetivos de la ASEA están claramente expresados y definidos en la ley. Sin embargo, el marco jurídico de la ASEA es mucho más complejo que el de sus homólogos reguladores del sector, debido a que administra funciones que previamente cumplían muchos órganos administrativos diferentes. La ASEA trabaja en optimizar este marco y deberá continuar para priorizar este trabajo. La Agencia fue creada mediante una disposición transitoria en la reforma de la Constitución de los Estados Unidos Mexicanos (diciembre de 2013). Sus funciones y configuración se rigen por la Ley de la ASEA (agosto de 2014). Al haber tenido que absorber funciones de varios organismos, actualmente se rige por 11 leyes federales y 12 reglamentos subordinados, lo cual da por resultado un escenario jurídico fragmentado que abarca 52 procedimientos administrativos y de otorgamiento de licencias. Habrá que dar prioridad a la modernización de este contexto y a la consolidación de estos reglamentos en un texto legal más estricto que rija las funciones y operaciones de la ASEA. Se prevé que el primer anteproyecto de este reglamento unificado de la ASEA esté terminado durante el primer trimestre de 2017.

La consolidación de estas funciones reguladoras en la ASEA es un elemento facilitador clave para la reforma regulatoria. De hecho, por primera vez, la seguridad industrial y la protección ambiental se gestionan simultáneamente y las aplica la misma institución. La ASEA tiene la autoridad para conceder y suspender licencias y autorizaciones, practicar inspecciones y controles de calidad, y emitir recomendaciones para la acción correctiva en el área de seguridad industrial y protección ambiental. El órgano está en proceso de implementar en las inspecciones un criterio basado en riesgos, utilizando información proporcionada por la industria y las inspecciones por terceros para definir las prioridades para los inspectores de la ASEA. Durante 2015-16, la ASEA desplegó 1 781 inspecciones que desembocaron en 319 recomendaciones y 499 medidas correctivas de aplicación urgente. En el mismo periodo, el número de licencias procesadas por la ASEA creció exponencialmente de 1 500 a 9 847, lo que representa un incremento de más de 650% vinculado a la regularización de las gasolineras, de conformidad con el nuevo reglamento, en lugar de actividades de mayor riesgo *upstream* del sector de hidrocarburos.

Conforme a su mandato, la ASEA colabora con una amplia diversidad y número de interesados para llevar a cabo sus funciones. Ha respondido bien a este reto en los primeros años, pero en el futuro la colaboración necesitará depender más de canales estructurados que de intercambios informales y operativos. La ASEA ha trabajado de manera satisfactoria con diversos aliados en sus primeros años de operaciones, desde la gestión de la transferencia de responsabilidades de las entidades federativas o estados hasta la implementación de sus actividades, en particular en la expedición de permisos. La función multidisciplinaria de la ASEA en la cadena de valor de los hidrocarburos significa que, para desempeñar sus funciones, necesitará una colaboración sólida y eficaz en el futuro. La colaboración mayormente operativa e informal tendrá que consolidarse, estructurarse y ser más sistemática para garantizar su viabilidad después de los primeros años de operación. La ASEA deberá abogar firmemente por su inclusión automática y sistemática en los trabajos del Consejo de Coordinación del Sector Energético (CCSE) y buscar establecer una colaboración operativa estructurada y transparente con los reguladores y operadores homólogos.

El marco del objetivo estratégico (OE) de la ASEA deberá modernizarse y ver más allá del corto y el mediano plazo, así como incluir objetivos que consideren el desempeño y los resultados de más alto nivel del trabajo del regulador. Como parte de la creación del nuevo órgano, la alta dirección, encabezada por el director ejecutivo, participó en un ejercicio para establecer objetivos estratégicos en 2015. Esto llevó a identificar 24 objetivos estratégicos mapeados en cinco dimensiones en un sistema que recuerda la metodología del cuadro de mando integral (Balanced Scorecard). En junio de 2015, la alta dirección de la ASEA identificó, entre los 24 objetivos, siete como decisivos para vigilarlos durante el primer periodo de planeación estratégica (2016-18), centrándose en "proceso" y "organización y aprendizaje". Después de un ejercicio similar en enero de 2017, los OE se modificaron para tener un total de 23 y, entre estos, se "activaron" otros dos para vigilarlos durante el periodo de planeación inicial. La decisión de centrarse en los objetivos de gestión o intermedios, refleja la opción de priorizar procedimientos sólidos y estructuras de gobernanza organizacional en los primeros años de operaciones de la Agencia. Podrían complementarse, y el marco de planeación estratégica se consolidaría con la inclusión de más objetivos relacionados con el rendimiento y los resultados. Esto contribuiría a tener una visión y una dirección más claras para la Agencia en los próximos años, más allá de 2018.

Recomendaciones para el sistema integrado de órganos reguladores en materia energética:

- ***Instaurar el Grupo de Reguladores en materia Energética (GRE), cuerpo colegiado que congregue a los tres órganos reguladores en materia energética con el fin de implementar y coordinar trabajo conjunto, y compartir información en el área de gobernanza de los organismos.*** Al crearse el GRE, su agenda la fijarían los tres órganos reguladores del sector energético. Los grupos de trabajo respaldarían sus labores cuando fuera necesario (p. ej., un grupo de trabajo para establecer una política y mecanismos compartidos de recursos humanos para ajustar los indicadores clave de desempeño, o para ajustar y simplificar los procedimientos de concesión de licencias), y podrían ser disueltos una vez cumplida la tarea asignada. La presidencia del GRE podría rotarse entre los tres órganos, y cada regulador sería responsable de garantizar la secretaría del comité durante su "mandato". Este mecanismo, bajo la titularidad de los reguladores, sería una herramienta esencial para el correcto funcionamiento del sistema integrado de órganos reguladores en materia energética.
- ***Garantizar que los tres órganos cuenten con planes operativos, de trienales a quinquenales, incluyendo presupuesto y recursos, para lograr los objetivos estratégicos de largo plazo.*** Los planes deberán considerar la secuencia y etapas de las actividades acordes con las obligaciones formales e incluir objetivos e información presupuestaria. Este plan deberá desarrollarse internamente con la participación de la alta dirección (jefes de agencias, jefes de unidades) y personal, en talleres donde un experto externo podría ser el facilitador. Los planes operativos se podrían compartir con otras entidades federales a través del Consejo de Coordinación del Sector Energético.
- ***Efectuar una revisión de medio término de los planes operativos basada en la experiencia de los primeros años de implementación.*** Estos estudios podrían realizarlos los propios órganos reguladores con apoyo externo cuando sea necesario. Los estudios podrían utilizarse para identificar las modificaciones que se requieran al plan operativo, así como para evaluar la pertinencia y alineamiento de funciones y objetivos establecidos por los órganos.

Recuadro 1. **Comités de gestión y periodicidad de mecanismos de presentación de informes en la Oficina Nacional de Energía de Canadá y la Comisión de la Industria del Agua de Escocia**

La Oficina Nacional de Energía de Canadá (National Energy Board, NEB) creó diversos comités internos que se ocupan de diferentes rubros administrativos y adaptan sus calendarios de juntas e informes a los temas y asuntos cubiertos, como se observa en el siguiente cuadro:

Nombre	Dirección	Participantes	Frecuencia de las juntas	Intención	Beneficio
Comité de Alta Dirección (SMC)	COO (director de operaciones)	COO, VPE (vicepresidente ejecutivo), CFO (director de finanzas), jefe de personal y secretario	Una corta reunión diaria; una junta quincenal más larga según la agenda.	Priorizar el enfoque de resolución de problemas para el día y plantear nuevos temas estratégicos, garantizar que se aborden y que la NEB esté orientada en su enfoque a esos problemas.	• Priorizar el enfoque de la solución de problemas por día. • Mayor transparencia y armonía en la NEB. • Brindar asesoría y recomendaciones al director general (CEO, director ejecutivo)/(DH)
Comité de Alta Dirección Plus (SMC+)	COO	COO, VPE, CFO, jefe de personal y secretario plus, VP, PL, AGC (procurador general de Canadá)	Base *ad hoc*	Dar una dirección clara, mensajes congruentes y ajustar las acciones hacia el logro de resultados estratégicos y responsabilidades fundamentales.	• Mayor transparencia y armonía en la NEB. • Brindar asesoría y recomendaciones al CEO/DH
Comité de Gestión de Recursos (RMC)	CFO	CFO, VPE, VP, AGC y secretario	Mensuales o con mayor frecuencia cuando se necesite (*ad hoc*).	Analizar y planear la asignación de recursos financieros y humanos de la unidad de negocios y brindar la oportunidad de analizar restricciones y necesidades. Proporcionar al COO información para decidir cómo gestionar los recursos de la NEB.	• Mayor transparencia y armonía en la NEB. • Brindar asesoría y recomendaciones al COO.

Recuadro 1. **Comités de gestión y periodicidad de mecanismos de presentación de informes en la Oficina Nacional de Energía de Canadá y la Comisión de la Industria del Agua de Escocia (*cont.*)**

Nombre	Dirección	Participantes	Frecuencia de las juntas	Intención	Beneficio
Comité de Gestión de Datos (DMC)	CFO	CFO, VPE, director de Información y análisis regulatorio	Mensuales o con mayor frecuencia cuando se necesite (*ad hoc*).	Encargado de estrategia, normas, políticas, procedimientos, roles y responsabilidades que guían la gestión global de datos de la NEB; orienta para garantizar que los datos sean precisos y constantemente se capturan, están completos, disponibles y seguros; brinda asesoría sobre los requisitos de datos técnicos y aptitudes de la NEB; identifica los riesgos e incrementa las soluciones relativas a la funcionalidad del sistema y las actividades con los datos.	• Garantiza la normalización y congruencia de la recopilación, almacenamiento y gestión de datos de la NEB que respaldan la disponibilidad y uso por parte de los interesados internos y externos. • Dar asesoría y recomendaciones al COO.
Comité empresarial de la junta ejecutiva	Presidente del Consejo	Presidente del Consejo, COO, VPE Depto. Jurídico, secretario	Semanal	Determinar la agenda para las juntas semanales y trimestrales de los miembros del consejo.	• Garantizar que los materiales ofrecidos a los miembros del Consejo estén bien preparados, investigados y sean adecuados para la presentación.
Comité de Gestión Ejecutiva (EMC)	VP en un sistema rotativo	Todos los VP, AGC, subsecretario	Quincenal	Un foro para la gestión de las unidades de negocios para compartir información y mejores prácticas, coordinar	• Sincero intercambio de ideas y examen de diferentes perspectivas

Recuadro 1. **Comités de gestión y periodicidad de mecanismos de presentación de informes en la Oficina Nacional de Energía de Canadá y la Comisión de la Industria del Agua de Escocia** (*cont.*)

Nombre	Dirección	Participantes	Frecuencia de las juntas	Intención	Beneficio
				actividades e identificar y gestionar asuntos de importancia estratégica.	para permitir a los distintos VP incorporar en las decisiones la perspectiva de "la empresa es primero". • EMC no es un órgano decisorio o que hace recomendaciones.

Para garantizar la flexibilidad y capacidad de respuesta de los informes, la Comisión de la Industria del Agua de Escocia (Water Industry Commission for Scotland, WICS) también introdujo marcos de informes diferenciados, dependiendo de la naturaleza de la actividad; la administración del mercado minorista no doméstico es objeto de una revisión constante, ya que se pueden tomar medidas rápido, los informes financieros son mensuales, la actualización para los miembros de la WICS se hace cada dos semanas, y las juntas mensuales se celebran con la Comisión de la Industria del Agua de Escocia y otras partes interesadas.

Fuente: información proporcionada por la Comisión de la Industria del Agua de Escocia y la Oficina Nacional de Energía de Canadá, febrero de 2017.

Recomendaciones para la ASEA

- ***Promover la inclusión sistemática de la ASEA en el Consejo de Coordinación del Sector Energético por parte de la Secretaría de Energía*** y procurar establecer marcos de cooperación estructurados con otras entidades federales pertinentes (Secretaría del Trabajo y Previsión Social, Marina mexicana o Coordinación Nacional de Protección Civil).
- ***Proponer activamente áreas pertinentes de trabajo y coordinación para la inclusión del programa de trabajo del Grupo de Reguladores***

en materia Energética (GRE). Si bien tiene un estatus diferente al de la CNH y la CRE, la ASEA puede cobrar fuerza al ser miembro de pleno derecho del sistema integrado de órganos reguladores en materia energética de México.

- ***Terminar lo más pronto posible el reglamento unificado de la ASEA y dar a conocer el nuevo texto y sus repercusiones a las partes interesadas.*** Este texto jurídico brinda una importante oportunidad para aclarar las atribuciones de la ASEA con los interesados del sector y simplificar los procedimientos.
- ***Examinar y afinar el marco estratégico vigente, integrado por 23 objetivos estratégicos (OE), con el equipo directivo de la ASEA, con base en la experiencia de los dos primeros años de operaciones.*** Esto deberá incluir esfuerzos por simplificar el número de objetivos estratégicos seleccionados, para concentrar el seguimiento y los informes en un conjunto menor de OE y en indicadores que puedan ser notificados lo más pronto posible a fin de crear una amplia base de referencia para los resultados y el impacto de la ASEA.
- ***Implementar un mejor equilibrio entre los OE intermedios y los centrados en rendimiento/resultados que incluirán una política y objetivos sectoriales de alto nivel, proponiendo una visión estable de mediano y largo plazo de los objetivos de la Agencia.*** También convendría desvincular el periodo de planeación del mandato del Poder Ejecutivo para mayor certeza y continuidad del marco regulatorio, y contribuir a una cultura de la autonomía.
- ***Propiciar una cultura de independencia dentro de la autoridad reguladora para compensar la menor autonomía jurídica otorgada a la ASEA en comparación con los otros dos reguladores del sector.*** Esta cultura de independencia deberá permear no solo las disposiciones de gobernanza interna de la Agencia, sino también la relación que necesita tener con la SEMARNAT, así como otros mecanismos de transparencia y comunicaciones externas.

Recuadro 2. **Planeación empresarial en la Oficina Nacional de Energía de Canadá (National Energy Board, NEB)**

La planeación empresarial en la NEB se hace anualmente para examinar e identificar los riesgos y analizar las prioridades estratégicas en forma trienal.

La planeación empresarial en la unidad de negocios es aprobada en última instancia por el director de Operaciones (chief operating officer, COO). Las consultas preliminares con el director de Operaciones durante el desarrollo de los planes de la unidad de negocios garantizan que en el plan se integrará el pensamiento estratégico adecuado de que la empresa es primero. Esta consulta se hace a través del Comité de Gestión de Recursos (véase el recuadro 4).

El proceso de planeación empresarial anual sigue pasos establecidos:

1. Los resultados de desempeño anteriores se comparan con los indicadores y se examinan para ajustar los planes del año en curso.
2. El punto de partida para la planeación es establecer los resultados que se desean alcanzar y armonizar los recursos disponibles previstos con tales resultados.
3. Los indicadores existentes se mejoran para armonizarlos con los resultados deseados o se establecen nuevos indicadores cuando sea necesario.
4. El proceso de planeación empresarial conduce a planes que definen mejor las prioridades, los compromisos de planeación y la asignación de recursos.
5. Cada año, la planeación del proceso empieza con los ajustes hechos para simplificar y mejorar el proceso con base en las lecciones aprendidas del año previo.
6. Los planes de las unidades de negocios demuestran constantemente el alineamiento con los resultados más amplios de la NEB.
7. La alta dirección, incluidos el COO y el CEO/JD (chief executive officer/ juris doctor), participan activamente en el examen y vigilancia del desarrollo de los planes de las unidades de negocios.

Fuente: National Energy Board (2016), Management System Manual (MSM) Version 2.0, November 2016.

Aportación

Por ley, la ASEA es financiada con recursos del presupuesto federal y con ingresos propios. En la actualidad, y después de un aumento en los fondos tanto para inversiones como para recursos humanos provenientes del presupuesto federal en 2016, por lo general se considera que el nivel de recursos asignados a la ASEA es suficiente. Como entidad desconcentrada de la SEMARNAT, el organismo sigue el proceso federal para la preparación de su presupuesto, que es aprobado en forma anual, al presentar su propuesta para el siguiente año a la Secretaría en el mes de junio o julio. La SEMARNAT incluye la propuesta de la ASEA en su presupuesto global, que luego es enviado a la Secretaría de Hacienda y Crédito Público (SCHP). En septiembre, la SHCP presenta al Congreso el presupuesto federal consolidado y, después de un periodo de dos meses de análisis y reformas finales, es aprobado en noviembre.

Cuadro 1. **Presupuesto y recursos de la ASEA, 2015-17, en pesos mexicanos**

	Transferencias del Poder Ejecutivo		Recursos de la ASEA	Presupuesto total
	Presupuesto de RH	Presupuesto operativo		
2015	140300374.08	167147961.40	0	307448335.48
2016	282250231.77	165128258.02	0	447378489.79
2017	321370608.00	240135265.00	0	561505873.00

Fuente: Información proporcionada por la ASEA, 2017.

Cuadro 2. **Fuerza de trabajo de la ASEA 2015-16**

Año	Número de personal de apoyo	Número de personal profesional	Fuerza de trabajo total
2015	49	256	305
2016	89	370	459
2017	89	370	459

Fuente: Información proporcionada por la ASEA, 2017.

Los tres órganos reguladores del sector tienen disposiciones para establecer fideicomisos que son decisivos para su autonomía financiera. El fideicomiso de la ASEA todavía no entra en funcionamiento y esto deberá ser una prioridad para la Agencia. La operacionalización del fideicomiso requiere que la ASEA instaure un comité compuesto por el director ejecutivo de la ASEA, la SEMARNAT y la SHCP que definiría las reglas y supervisaría el funcionamiento del fondo. Sin el fideicomiso, la ASEA no puede captar sus propios recursos y sigue dependiendo por completo de las transferencias del presupuesto federal por medio de la SEMARNAT. Además, el nivel total del fondo se fija en el triple del presupuesto del año previo; la flexibilidad de esta regla está en estudio.

Conforme al plan de implementación para la reforma energética, se pretende que para 2019, la CNH y la CRE ya no dependan de los recursos federales, sino que financien sus operaciones únicamente con sus propios ingresos. En la ley no hay una fecha límite similar para la ASEA, pero se prevé que el órgano alcance gradualmente la autonomía financiera. El volumen de las multas y cuotas recuperadas por la ASEA en 2016 no refleja las necesidades de financiamiento de la dependencia. La Agencia examina la metodología para definirlas, así como su cuantía, durante el primer trimestre de 2017. El objetivo de la independencia financiera respecto al presupuesto federal para la ASEA parece poco probable en el futuro inmediato y, en ningún caso, en función de la meta de la CNH y la CRE de 2019, aun cuando el instrumento para captar estos recursos (el fideicomiso) entre en funciones.

La planeación financiera no sigue los principios de gestión basados en resultados y no está vinculada al ejercicio de fijar objetivos estratégicos y supervisar, lo cual obstaculiza el seguimiento y la evaluación integradas de las operaciones de la ASEA. La planeación presupuestaria la encabeza la unidad financiera a la cual otras unidades envían sus propuestas para el presupuesto anual. No se estructura conforme a objetivos estratégicos definidos por la alta dirección, sino de acuerdo con tres partidas presupuestarias correspondientes a la práctica federal (categorías de presupuesto M, G y P).

La gestión de los recursos financieros y humanos sigue reglas externas estrictas, ya que la ASEA es una entidad desconcentrada de la SEMARNAT y, como resultado, las operaciones se pueden retrasar. La ASEA se rige por reglas y procedimientos de la SEMARNAT para la gestión financiera y administrativa. La ASEA también está sujeta a la supervisión y aprobación del Comité de Adquisiciones de la SEMARNAT para sus contrataciones. Estos procesos conllevan un alto costo de transacción y se considera que menoscaban las operaciones efectivas y autónomas.

Los órganos reguladores enfrentan el reto de atraer y retener al personal calificado, tarea que se dificultará más a medida que los precios

del petróleo se recuperen y el desarrollo de la industria en México se acelere. Es importante que las dependencias tengan autonomía y flexibilidad para obtener y retener talento. Para las entidades federales, el número y nivel de empleados, así como la descripción de los puestos, son aprobados por la SHCP y la Secretaría de la Función Pública. Modificarlos resulta complicado.

La ASEA ha estudiado e implementado estrategias para ofrecer a los empleados paquetes de remuneración más atractivos, y deberá continuar con estos esfuerzos, ya que es probable que aumente la presión del sector privado. Esto ha incluido la posibilidad de ofrecer al nuevo personal salarios correspondientes a la franja más alta dentro de un nivel en el tabulador de sueldos federal. La ASEA también ha creado programas de capacitación con instituciones federales mexicanas (Instituto Mexicano del Petróleo) y reguladores internacionales (Health and Safety Executive, HSE de Reino Unido; Bureau of Safety and Environmental Enforcement, BSEE de Estados Unidos) para potenciar las habilidades del personal, permitiéndoles realizar inspecciones federales. Al invertir en personal, la ASEA deberá poner en marcha mecanismos de retención, incluyendo acuerdos para que los empleados que obtengan licencia pagada para estudiar se comprometan a regresar a la ASEA durante un periodo predeterminado, a fin de minimizar la pérdida de empleados que emigran a la iniciativa privada.

La ASEA ha establecido un impresionante número de políticas de recursos humanos en un plazo muy corto, que no han sido muy difundidas y podrían ser más transparentes. A diferencia de la CNH y la CRE, la ASEA no tiene obligación legal de establecer su propio servicio profesional de carrera. Podría beneficiar a los tres reguladores armonizar, e incluso compartir, las prácticas y sistemas de recursos humanos. Esto crearía eficiencia, reforzaría la coherencia mediante mayor integración de los sistemas de los tres reguladores en materia energética.

Recomendaciones para el sistema integrado de órganos reguladores en materia energética

- ***Consolidar las prácticas de gestión interna para alinear de manera eficaz los recursos del sistema integrado de órganos reguladores en materia energética con sus funciones, objetivos y productos más allá de la exigencia del gobierno federal.*** Los tres reguladores están sujetos a disposiciones de gestión financiera y planeación del gobierno federal, las cuales incluyen la obligación de desarrollar indicadores para dar seguimiento al ejercicio del presupuesto y presentar informes sobre riesgos. Estas disposiciones son positivas y útiles. Los tres órganos reguladores pueden mejorar más sus sistemas internos para garantizar que estas obligaciones de informar sean herramientas de gestión eficaces. Esto podría incluir el desarrollo de un conjunto interno de indicadores que dará seguimiento al uso de recursos para cumplir los objetivos más allá de los informados a la SHCP. Esto podría constituir la base para desarrollar un sistema presupuestario con base en resultados (cuando tiene lógica y es viable) que vincule aún más claramente objetivos, necesidades de recursos y asignación de presupuestos.

- ***Recompensar informes del personal sobre riesgos internos y externos.*** Las disposiciones federales también incluyen informes internos sobre riesgos. Como se recomienda más adelante, los reguladores deberán ir más allá de este requisito de integrar la gestión de riesgos a sus operaciones. Una cultura interna de gestión de riesgos sólida también deberá traducirse en incentivos no económicos y económicos para informar sobre riesgos emergentes y posibles en cada dependencia y en la relación de cada dependencia con el sector regulado. Esto podría incluir recompensar al personal (y no castigarlo) por informar los riesgos internos y externos y el desarrollo de una estrategia para apoyar la gestión de riesgos.
- ***Realizar una revisión colectiva coordinada de fuentes y necesidades financieras después de 2019.*** Un sistema integrado de órganos reguladores en materia energética puede brindar oportunidades únicas para identificar necesidades de financiamiento global en el mediano y largo plazo. El objetivo deberá ser vincular claramente las misiones y actividades, los costos relacionados y las fuentes de ingresos, con base en un mecanismo de recuperación de costos. Los tres reguladores deberán evaluar las fuentes actuales y futuras de financiamiento de manera coordinada para identificar:
  - **necesidades a largo plazo,** por ejemplo, en un horizonte de planeación de tres a cinco años, identificando también las posibles sinergias para fuentes de financiamiento colectivo si fuera pertinente (p. ej., a través del Centro Nacional de Información de Hidrocarburos [CNIH], que podría servir como plataforma para compartir información esencial con la industria en la modalidad de pago de honorarios por servicio prestado que recuperaría los costos de la plataforma);

- **costos acumulativos para las entidades reguladas** de honorarios y derechos que necesitarían pagar, es decir, fuentes de ingresos fuera del presupuesto federal para optimizar las fuentes de recursos y minimizar la carga del sector regulado;
- **un sistema de gestión del fideicomiso modernizado,** en coordinación con la SHCP, para garantizar que los fideicomisos (vigentes para la CNH y la CRE y previsto para la ASEA) proporcionan flujos de efectivo suficientes y oportunos para financiar las necesidades operativas y de inversión de los tres órganos reguladores. El sistema de gestión del fideicomiso podría requerir el rediseño de mecanismos de entradas y salidas del fideicomiso para ajustarlos a las disposiciones presupuestarias de los tres órganos reguladores y los costos que los reguladores necesitan cumplir para llevar a cabo sus misiones y actividades. Como medida provisional, podría haber necesidad de garantizar que los tres órganos reguladores obtengan créditos a corto plazo para satisfacer los requisitos financieros antes de que accedan a los recursos del fideicomiso si llegan a financiarse por completo con sus propios recursos. Un sistema de gestión de fideicomiso modernizado deberá incluir también un examen de la pertinencia y viabilidad del tope actual con vistas a que las dependencias lleguen a tener plena autonomía financiera. La gestión del fideicomiso deberá tener recursos suficientes con el conocimiento adecuado y respaldado por una regulación satisfactoria si ha de convertirse en el principal conducto para el financiamiento de los reguladores.

• ***Establecer un Servicio Profesional de Carrera integrado para los órganos reguladores en materia energética (SPC).*** Hay oportunidades significativas para desarrollar un servicio profesional de carrera que integre a los órganos reguladores en materia energética, común a los tres reguladores, que puede ser mayor que la suma de sus partes. El SPC propuesto brindaría oportunidades para atraer y retener talento más fácilmente al ofrecer posibilidades de movilidad y desarrollo de la carrera en las tres dependencias. También ayudaría que los tres reguladores compartieran el conocimiento, la experiencia y las habilidades (y cubrir sin esfuerzo las necesidades temporales de ciertas habilidades y exigencias en alguno de los reguladores, por ejemplo). También crearía economías de escala para establecer sistemas comunes, como la planeación de la fuerza de trabajo, marcos de competencia y programas para graduados y similares. Cada regulador mantendría el control de las decisiones de reclutamiento, la evaluación del desempeño y la identificación de competencias y habilidades específicas. El SPC podría incluir:

- Mecanismos/procedimientos comunes para anunciar los puestos.
- Que todos los de nuevo ingreso asistan a un curso de reglamentos técnicos de una semana de duración.
- Un grupo común de técnicas reguladoras que identificarán conjuntamente a los tres órganos reguladores (además de las específicas de cada dependencia).
- Oportunidad de ofrecer programas de inducción conjunta a los nuevos empleados (p. ej., sobre habilidades reguladoras).
- Sistema de reclutamiento de graduados común con intercambios entre reguladores.
- Políticas comunes de género y diversidad entre los reguladores.
- Sistemas de carrera comparables para facilitar el desplazamiento en las tres dependencias.
- Escalas salariales comunes.

Recuadro 3. **Procesos de reclutamiento en la Comisión Nacional de los Mercados y la Competencia, de España**

Introducido en diciembre de 2016 para contratar personal en puestos de técnicos auxiliares después de varios años de "contrataciones congeladas", el proceso de selección en la Comisión Nacional de los Mercados y la Competencia (CNMC), en España, sigue los principios de transparencia, méritos y no discriminación. Los principios y pasos del proceso están publicados en el *Boletín Oficial del Estado* español, así como en la CNMC y la administración pública de España.

Para puestos técnicos se definen tres perfiles diferentes: técnico-científico, jurídico y económico. El proceso de selección consta de dos fases:

- En la fase uno, los solicitantes tienen que aprobar:
  - Las pruebas que miden las capacidades generales (de razonamiento verbal, abstracto y numérico); el nivel de inglés y los conocimientos básicos de los principios de reglamentación y competición. Los solicitantes tienen que aprobar cada una de estas pruebas para pasar al siguiente ejercicio.

Recuadro 3. **Procesos de reclutamiento en la Comisión Nacional de los Mercados y la Competencia, de España** (*cont.*)

- Un ejercicio escrito práctico seguido de una presentación oral pública. El ejercicio práctico será diferente para cada uno de los perfiles definidos. Los solicitantes pueden obtener un máximo de 40 puntos en este ejercicio y deben conseguir cuando menos 20 para pasar a la fase dos.

- En la fase dos se evalúa el currículum de los solicitantes:
  - Educación universitaria y especializada: 18 puntos máximo, tomando en cuenta las calificaciones obtenidas en estudios universitarios, de posgrado y otros títulos académicos.
  - Experiencia profesional: 12 puntos máximo.
  - Entrevista personal: 10 puntos máximo.

El proceso de selección está a cargo de la junta de selección, integrada por seis miembros de alto rango de la CNMC e incluye a expertos en las distintas áreas de conocimiento.

Todas las fases del proceso pueden seguirse en la página web de la CNMC y los solicitantes pueden impugnar la decisión final en los tribunales si consideran que el proceso no se desarrolló conforme a los principios y procedimientos publicados en el *Boletín Oficial del Estado*.

Otros métodos de reclutamiento de la CNMC, así como los ascensos internos, están sujetos a los mismos principios de transparencia, méritos y no discriminación. En el caso de los puestos de directores y jefes de unidad, el Consejo de la CNMC toma la decisión final.

Fuente: Información proporcionada por la CNMC.

- ***Secuenciar la implementación del Servicio Profesional de Carrera de los reguladores en materia energética (SPC) y desarrollar las capacidades internas para su diseño y puesta en marcha.*** El SPC no necesita ser demasiado complicado ni oneroso. De hecho, si la estructura se basa en los principios de la gestión eficiente, puede incluir solo unos cuantos pasos relativamente sencillos que aumentarán en forma progresiva, a medida que evolucionen las necesidades. Una prioridad clave será establecer un sistema de reclutamiento abierto y transparente, con procesos para anunciar los puestos, examinar solicitudes, evaluar candidatos (p. ej., a través de los centros de evaluación) y tomar las decisiones finales de reclutamiento. Crear grupos de candidatos idóneos salidos de los procesos de reclutamiento incrementaría más la eficiencia. El desarrollo de un marco de competencia potenciaría el proceso de reclutamiento al jerarquizar las necesidades de talento, así como las de reclutamientos potenciales. También es importante abordar la diversidad en el reclutamiento. Es probable que la ausencia de mujeres en la alta dirección, y en otros niveles de las organizaciones donde sucede esto, así como de minorías, entorpecerán a la larga los resultados de la reforma, porque no se habrá aprovechado la considerable reserva de personas capacitadas.

- ***Garantizar que la estrategia de reclutamiento enfatice la diversidad.*** Si los órganos reguladores no buscan proactivamente en todas las reservas de talentos, no es probable que atraigan una fuerza de trabajo diversa, vibrante y competitiva.

- ***Mutualizar los recursos digitales y desarrollar la capacidad analítica de datos.*** La digitalización brinda oportunidades significativas para atender más rápido las prioridades y acciones en forma sencilla, pero se requiere que, con las capacidades internas, se desarrollen y gestionen procesos digitales. Asimismo, en la digitalización hay oportunidades para mutualizar algunas de las capacidades de los tres reguladores, por ejemplo, desarrollar soluciones comunes (y compatibles) y tener potencialmente un grupo compartido de especialistas en tecnologías de la información (TI) y apoyarse en soluciones existentes. El conocimiento en TI deberá complementarse con la capacidad de usar la digitalización para leer y gestionar datos para facilitar la realización de las actividades fundamentales (y convertir realmente la digitalización en un medio para un fin).

Recomendaciones para la ASEA

- ***Analizar y recomendar firmemente soluciones que incrementen la agilidad institucional de la ASEA, principalmente respecto a la SEMARNAT, transformándola en un regulador de seguridad de gran nivel, capaz de actuar de manera oportuna y adecuada.*** Para el cumplimiento satisfactorio de su papel y sus funciones, la ASEA necesita actuar rápido y con eficacia. Esta agilidad necesitará basarse, *inter alia*, en mecanismos para aumentar la autonomía administrativa.

- ***Promover un acuerdo presupuestario plurianual que brinde estabilidad y facilite la planeación a largo plazo con la SEMARNAT, la SHCP y el Poder Legislativo.*** Esto sería acorde a la información del presupuesto presentada en el plan operativo y se compartiría con otras entidades federales a través del CCSE. Ese acuerdo plurianual preservaría al órgano de toda influencia y presión indebidas.
- ***Evaluar cuándo podría la ASEA alcanzar la meta planteada por la reforma energética de la independencia financiera y dialogar con la SEMARNAT y la SHCP para analizar esta evaluación.*** La ASEA no absorbe actualmente en su presupuesto ingresos procedentes de la industria; por su parte, el monto de las cuotas y gravámenes pagados por la industria no parece corresponder al presupuesto anual de la Agencia. Sería problemático revertir esta situación para 2019, cuando se prevé que los otros reguladores del sector logren la autonomía financiera.
- ***Priorizar la operacionalización del fideicomiso de la ASEA para diversificar las fuentes de ingresos y hacia la menor dependencia del presupuesto federal, en colaboración con la SHCP.*** Esto deberá incluir una evaluación y el potencial examen del tope para el límite máximo del fondo, efectuado con la CNH y la CRE, cuyos fideicomisos se rigen por una norma similar.
- ***Revisar y definir las metodologías para fijar las cuotas y gravámenes recaudados por la ASEA, y contemplar otras fuentes para buscar los cálculos de recuperación de costos en colaboración con la SHCP.*** La definición de las cuotas y gravámenes deberá tener en cuenta la carga total creada para la industria por los requisitos de los tres órganos reguladores en materia energética. La ASEA también podría analizar el poner a disposición, con un costo, los datos vinculados a su área de competencia por medio de la plataforma del Centro Nacional de Información de Hidrocarburos (CNIH) gestionada por la CNH.
- ***Establecer un Comité de Gestión de Recursos o celebrar regularmente (p. ej., en forma trimestral) juntas del equipo de directivos para evaluar y reorganizar, de ser necesario, la atribución de recursos y la definición de funciones y procesos en las diferentes unidades del organismo. En su trabajo, el Comité necesitaría tomar en cuenta:***

– La evolución del contexto de la implementación de la reforma (p. ej., ¿habrá una disminución gradual de ciertas actividades o se estabilizarán?).

– El nivel de riesgo implícito en actividades concretas (p. ej., ¿están las actividades vinculadas a riesgo elevado priorizadas en función de los recursos y el proceso?).

– La congruencia de los procesos y la certeza del marco regulatorio (p. ej., ¿son congruentes las interpretaciones jurídicas?).

Recuadro 4. **Comité de Gestión de Recursos (Resource Management Committee, RMC) de la Oficina Nacional de Energía de Canadá**

La Oficina Nacional de Energía de Canadá (National Energy Board, NEB) ha instaurado comités de gestión que respaldan la gobernanza de la dependencia. Entre estos, el Comité de Gestión de Recursos (RMC) tiene como finalidad analizar y planear la asignación de recursos financieros y humanos en la institución, para brindar una oportunidad inclusiva para examinar las limitaciones y necesidades y, en última instancia, dar información pertinente al director de Operaciones (COO) para decidir cómo gestionar los recursos de la NEB.

El RMC es presidido por el director de Operaciones de la NEB y congrega a la alta dirección (vicepresidentes ejecutivos, vicepresidentes, el procurador general de Canadá y el secretario) mensualmente o con mayor frecuencia, si fuese necesario. Promueve mayor transparencia y armonización de recursos y procesos en la NEB y asesora y hace recomendaciones al COO sobre la gestión de recursos.

Fuente: National Energy Board (2016), *Management System Manual* (MSM), versión 2.0, noviembre de 2016.

- ***Impulsar y participar activamente con la CNH y la CRE en la definición e implementación de un servicio profesional de carrera (SPC) que integre a los órganos reguladores en materia energética.*** Esto favorecería el acceso de la ASEA a personal capacitado y la Agencia ganaría en eficiencia.
- ***Seguir analizando y proponiendo soluciones que hagan de la ASEA un empleador más atractivo, desde la flexibilidad en el tabulador de***

sueldos federal hasta recompensas no financieras. La ASEA deberá seguir promoviendo una mayor flexibilidad al establecer tabuladores de sueldos que le permitan competir con el sector regulado al atraer y retener personal, y desarrollar más la oferta de capacitación y oportunidades de desarrollo para el personal. Esto deberá basarse en el criterio de "recompensas totales", el cual toma en cuenta no solo incentivos financieros, sino también los no financieros para atraer y retener personal.

Proceso

Procesos decisorios

El director ejecutivo de la ASEA es nominado por el secretario del Medio Ambiente y lo designa el presidente de la República, con base en los criterios expresados en la Ley de la ASEA. Tiene la autoridad para nombrar o destituir al personal del equipo directivo de alto rango. El director ejecutivo (DE) presenta el programa de trabajo de la Agencia al Consejo Técnico, que es presidido por la SEMARNAT. La mayoría de las decisiones vinculadas al trabajo técnico del órgano y su gestión las toma el director ejecutivo.

La función del Consejo Técnico de la ASEA como órgano institucional formal podría complementarse con juntas más frecuentes encaminadas a compartir información. Hasta ahora, el Consejo Técnico se ha reunido una vez al año (en mayo de 2015 y en septiembre de 2016) para aprobar el plan de trabajo anual y, en 2016, el informe anual. Debido a la composición del Consejo, incluidos los representantes de las instituciones federales con las cuales la ASEA colabora, podría reunirse con más frecuencia para compartir información y cooperar, en vez de hacerlo anualmente como ejercicio formal para aprobar planes e informes. Si bien las normas de operación pueden consultarse en la página web de la ASEA, las actas de su junta no se han publicado. Por razones de transparencia, y siguiendo las prácticas adoptadas por la CNH, la ASEA podría publicarlas en línea.

El Comité Científico de la ASEA tiene potencial como grupo de expertos independientes que opinan en las áreas de competencia de la ASEA, pero es necesario mejorar su configuración operativa y la transparencia para que cumpla plenamente con su función. El Comité Científico se instaló en diciembre de 2015, pero no ha funcionado en su papel de respaldo para la toma de decisiones del director ejecutivo. El Comité tiene como cometido ser un equipo multidisciplinario que asesore al DE en cuestiones técnicas. Los miembros del Comité son nominados por el DE para mandatos de un año, y el reglamento interno de la ASEA establece que cumplirán sus funciones con base en los principios de objetividad, imparcialidad, ética y rigor científico y sin conflicto de intereses. Esta estructura de gobernanza podría fortalecerse.

Rendición de cuentas y transparencia

La ASEA presenta su informe anual para que lo apruebe su Consejo Técnico, presidido por el secretario del Medio Ambiente. El informe se publica en línea.* Como todas las entidades federales, la ASEA también es responsable ante el Congreso, pero no hay mecanismos estructurados para este diálogo. Como órgano desconcentrado de SEMARNAT, no está claro hasta qué grado ocurre este diálogo a través de la Secretaría o si podría establecerse directamente. Ambas cámaras del Congreso incluyen Comisiones Ordinarias de Energía y una Comisión Especial para dar seguimiento a los órganos reguladores coordinados, con las que la ASEA podría colaborar.

El Código de Conducta de la ASEA fue aprobado por el Consejo Técnico en septiembre de 2016.[†] El Código regula estrictamente la interacción entre el personal de la ASEA y la industria regulada, y estipula que las actas de diferentes tipos de juntas se hagan públicas. A diferencia de la CNH y la CRE, el Código de Conducta de la ASEA no designa un órgano responsable para supervisar su implementación.

Como parte de la SEMARNAT, a la ASEA se le audita como a toda entidad subsidiaria o desconcentrada de la Secretaría que no refleja su función fundamental en la implementación de la reforma energética y sus responsabilidades de supervisión en el sector de hidrocarburos del país. Las auditorías las realizan entidades del Poder Legislativo y del Poder Ejecutivo del gobierno: la Auditoría Superior de la Federación, que informa al Congreso, y la Secretaría de la Función Pública, que transmite la información a la Oficina de la Presidencia. Como parte de esta última, la ASEA es sometida a auditoría y supervisión del órgano interno de control (OIC) de la SEMARNAT. Este OIC está encargado de auditar a la Secretaría y a todos sus órganos subsidiarios y desconcentrados, y no es claro cuántos recursos puede asignar el OIC de la SEMARNAT a actividades específicas de la ASEA. Debido al trabajo fundamental de la ASEA en el sector de hidrocarburos del país, puede

* www.gob.mx/asea/documentos/primer-informe-anual-de-labores.

† www.gob.mx/asea/documentos/codigo-de-conducta-asea.

valer la pena analizar las opciones para que la Secretaría de la Función Pública (SFP), le asigne a la ASEA su propio OIC.

Gestión organizacional interna

Las funciones internas de gestión y decisorias de la ASEA se centralizan y son más vulnerables al cambio político que sus homólogos reguladores. La mayor parte de la toma de decisiones se centraliza en la función del director ejecutivo y no en un órgano colegiado, como en el caso de la CNH y la CRE que cuentan con comisionados cuyos mandatos son escalonados para favorecer la continuidad de la toma de decisiones. El director ejecutivo es el encargado de las decisiones técnicas vinculadas a las funciones regulatorias del organismo y a decisiones de gestión ligadas a su funcionamiento interno.

La estructura y los procesos internos de la ASEA se rigen por un reglamento interno que no se ha actualizado para reflejar las modificaciones que han ocurrido en la práctica desde la creación del organismo. La versión actual se aprobó en 2015, y si bien la estructura institucional y las relaciones jerárquicas se han modificado desde entonces, la versión oficial del texto no tiene modificaciones. Se pretende que una vez concluido el reglamento unificado de la ASEA (Q1, 2017), la Agencia complete su nuevo reglamento interno. Este será un paso importante para tener líneas claras y transparentes de gestión para fines de comunicación interna y externa.

El modelo de gestión de la ASEA se basa en procesos facilitados por una plataforma digital. Los flujos de trabajo y el intercambio de información entre las diferentes unidades de la ASEA se definen como procesos, subprocesos y procedimientos. Estos se mapean utilizando un *software* (Arquitectura Institucional) cuyo objetivo es facilitar su uso y que ofrece ligas a los documentos pertinentes. Dar a conocer esta herramienta avanzada y garantizar su valor requerirá recursos significativos y aceptación de la gestión y el personal.

Herramientas de calidad regulatoria y participación de los actores

La ASEA sigue los requisitos de consulta pública federal a través de la COFEMER, y ha establecido mecanismos adicionales de consulta en la etapa preliminar con los actores federales pertinentes (secretarías competentes y reguladores del sector), así como con la industria regulada.

La participación de la ASEA con la COFEMER pasa por la SEMARNAT. La ASEA también organiza, para la industria naciente, sesiones de capacitación e información sobre los nuevos reglamentos y sus obligaciones. Las primeras sesiones de consulta e información deberán ser transparentes y el libro de actas de las juntas se pondrá a disposición del público para consultarlas en línea.

Se prevé que la publicación del reglamento unificado (la primera versión está planeada para febrero de 2017) de la ASEA mejore la calidad general de sus actividades regulatorias. Ante el gran número de procedimientos y formalidades administrativos con las entidades reguladas que administra la ASEA, será preciso poner especial atención al análisis y aligeramiento de la carga administrativa del sector en este ejercicio.

Recomendaciones para el sistema integrado de órganos reguladores en materia energética

- ***Contemplar la creación de una estrategia de gestión de riesgos conjunta para el sector energético en la que los tres órganos compartan información de las medidas que aplican para enfrentar los riesgos y tengan una plataforma que permita sinergias dentro del sistema integrado de órganos reguladores en materia energética.*** La estrategia puede tomar en cuenta, entre otros, elementos tales como fijar una clara gobernanza y responsabilidades en la gestión de la estrategia, con una puntuación para resolver los problemas más imperativos, las medidas y medios para ocuparse de los riesgos antes mencionados y una guía específica para elaborar la matriz de riesgos. Los temas podrían analizarse en el grupo de reguladores en materia energética.

Recuadro 5. **Estrategia de gestión de riesgos en la Comisión de la Industria del Agua de Escocia**

La Comisión de la Industria del Agua de Escocia tiene una estrategia de gestión de riesgos aplicada por una Comisión de Auditoría y Riesgos especializada que celebra juntas regulares para analizar los problemas y riesgos nuevos o emergentes y su evaluación, las decisiones requeridas y quién las tomará, las medidas de mitigación, los encargados de las medidas, los plazos y puntos de revisión, la identificación de nuevos riesgos y el examen de los controles vigentes. La estrategia de gestión de riesgos define claramente el grado de responsabilidad de la fuerza de trabajo del regulador frente a problemas y riesgos.

Recuadro 5. **Estrategia de gestión de riesgos en la Comisión de la Industria del Agua de Escocia** (*cont.*)

Responsabilidad	Consejo	Comisión de Auditoría y Riesgos	Directores y alta dirección	Empleados
Establecer normativa e interés	✓			
Evaluar el riesgo	✓	✓	✓	✓
Tratar el riesgo		✓	✓	
Vigilar e informar	✓	✓	✓	✓

La estrategia toma en cuenta los riesgos de cuatro áreas clave diferentes: ***política*** (satisfacer las expectativas de funcionarios públicos y clientes, incluso fijar topes de cobros), ***de mercado*** (facilitar un marco competitivo), ***operativa*** (lograr objetivos acordes a los lineamientos financieros y presupuestos, cumplir con lo requerido legal y regulatoriamente, centrarse en el desarrollo de personal en la organización) y ***expansión del pensamiento*** (vigilancia y participación en la innovación nacional e internacional para presentar nuevos métodos a los clientes).

El riesgo se monitorea mediante un sistema de código cromático para distinguir la importancia de los diferentes riesgos, conforme a la siguiente clasificación: rojo/ elevado (nivel inaceptable de riesgo que requiere medidas urgentes); amarillo/ mediano (nivel de riesgo que requiere medidas y vigilancia activa); verde/ bajo (riesgo aceptable con base en la operación eficaz de controles pertinentes).

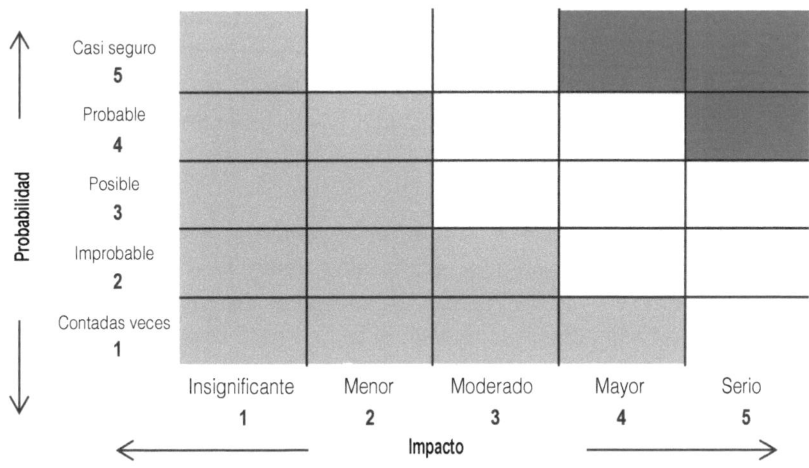

Recuadro 5. **Estrategia de gestión de riesgos en la Comisión de la Industria del Agua de Escocia** (*cont.*)

Para cada riesgo identificado se consideran tres tipos de puntuación:

- A cada riesgo se le asigna una **puntuación bruta del riesgo** que evalúa el nivel de riesgo que habría si no se aplicaran controles.
- La **puntuación del riesgo objetivo** es el nivel de riesgo considerado alcanzable si todos los controles se implementan y funcionan eficazmente
- La **puntuación del riesgo vigente** es la evaluación del riesgo en vista de los controles vigentes antes de cualquier mejora o acción planeadas.

Si bien algunos riesgos, como la pérdida de sistemas de oficinas o de computadoras clave, tal vez no cambien significativamente con el tiempo, otros, como los relacionados con el examen estratégico de los cargos, sí pueden tener cambios relevantes. Por lo tanto, es importante revisar la evaluación de las puntuaciones antes mencionadas, ya que incluso la puntuación bruta de un riesgo puede modificarse. La estrategia va acompañada de una guía para puntuación de riesgos para el personal y un cuadro de riesgos que deberá rellenarse.

Fuente: Información proporcionada por the Water Industry Commission for Scotland (febrero de 2017).

- ***Analizar las necesidades de digitalización de cada regulador.*** Evaluar dónde es posible tener coincidencias y establecer procesos para compartir tecnología de información y comunicaciones (TIC) y así reducir costos y compartir conocimientos (es decir, plataformas de servicio para la analítica de datos y gestión de personas capacitadas). Deberá ponerse especial atención a las necesidades más inmediatas y centrarse en examinar maneras de automatizar los procesos de gestión interna.
- ***Intentar un proceso armonizado dentro del sistema integrado de órganos reguladores en materia energética para mejorar la calidad regulatoria.*** Los tres órganos deberán armonizar su proceso de reglamentación, incluyendo el marco para la participación de los actores (además del proceso de consulta obligatorio practicado por la COFEMER para evaluaciones del impacto regulatorio), con base en los *OECD Best Practice Principles on Stakeholder Engagement* que están por publicarse; agendas de planeación para nuevas

regulaciones o actualizaciones con el fin de informar mejor al sector regulado; evaluaciones *ex post* para verificar que se cumplieron los objetivos buscados con la regulación. Las sinergias potenciarían los beneficios de un proceso armonizado y reducirían los costos de las transacciones implícitas en el diseño e implementación de estos mecanismos.

- ***Evaluar y revisar los acuerdos de gobernanza interna a la luz de los cambios en objetivos y actividades del órgano provocados por la reforma.*** Habrá que poner atención especial a la evaluación de funciones y responsabilidades para la toma de decisiones y la gestión decisoria diaria de los órganos, así como a la continuidad necesaria y la estabilidad de estas funciones.

Recomendaciones para la ASEA

- ***Ejercer el potencial del Comité Científico como órgano asesor del director ejecutivo de la ASEA mediante la modificación de algunas de sus reglas de operaciones.*** Esto incluiría prolongar los mandatos de sus miembros e incrementar las normas en materia de transparencia y conflicto de intereses. En la actualidad, el Comité no funciona, si bien podría tener un papel en el fortalecimiento de los procesos decisorios de la ASEA.
- ***Promover e incluir una dimensión de transparencia en todas las actividades de la ASEA para fomentar la confianza en el regulador e impulsar su cultura de independencia.*** Esto podría incluir la publicación proactiva de la información relacionada con inspecciones, juntas del Consejo Técnico y el Comité Científico, la participación de los interesados y las juntas bilaterales con la industria regulada. En el Código de Conducta ya se propuso la publicación de parte de esta información.

Recuadro 6. **Transparencia de las actividades de supervisión de la Autoridad de la Seguridad del Petróleo de Noruega y la Oficina Nacional de Energía de Canadá**

Las actividades de supervisión de la Autoridad de la Seguridad del Petróleo (Petroleum Safety Authority Norway, PSA) de Noruega se componen de la supervisión basada en el desempeño (en el entendimiento de que el regulador no puede "inspeccionar" la calidad del sector) y los consentimientos (en virtud de los cuales un operador debe obtener el consentimiento del regulador en etapas importantes, garantizando que el operador tenga buenos puntos de verificación para sus actividades y que sus decisiones clave estén sujetas al control gubernamental).

La PSA publica todas sus actividades de supervisión para facilitar el aprendizaje y la transferencia de experiencia en su página web. Esto incluye informes de auditoría, avisos de aplicación, investigaciones, consentimientos y reconocimientos de cumplimiento. Están disponibles en la página web del organismo días después de la actividad, incluyendo un resumen en inglés de lo realizado y sus resultados (p. ej., las acciones de seguimiento solicitadas por el operador), así como una copia de la carta oficial de consentimiento o del informe de auditoría en noruego. Para mayores informes, véase www.psa.no/supervision/category874.html.

En forma semejante, la Oficina Nacional de Energía (National Energy Board, NEB) de Canadá está comprometida a proporcionar información sobre la seguridad de los ductos y las instalaciones que regula, incluida información sobre su cumplimiento y las acciones de aplicación. En 2011, la NEB empezó a ofrecer proactivamente información sobre sus actividades de cumplimiento y aplicación con la meta de proporcionar los datos pertinentes relacionados con sus acciones de cumplimiento y aplicación de manera clara y accesible.

Específicamente, en su página web, la NEB publica los informes de inspección de la NEB; las auditorías de operaciones; las órdenes de inspección del funcionario; los informes de investigación de incidentes publicados por el Consejo; la información relacionada con las sanciones pecuniarias administrativas; las órdenes del Consejo (relacionadas con asuntos de seguridad y de protección ambiental); cartas o directrices del Consejo (relacionadas con temas de seguridad y protección ambiental); los planes de acciones correctivas relacionados con lo anterior y otros documentos pertinentes, incluyendo cualquier correspondencia significativa. Para mayores informes, véase https://www.neb-one.gc.ca/sftnvrnmnt/cmplnc/index-eng.html.

- ***Promover firmemente la instalación de un órgano interno de control específico de la ASEA que supervise sus operaciones y la implementación de su Código de Conducta con la SEMARNAT y la Secretaría de la Función Pública.*** Si bien es una entidad desconcentrada de la SEMARNAT, esto se justificaría debido a la especificidad de sus funciones y el sector de operaciones de la ASEA. La inminente ley anticorrupción (julio de 2017) puede dar la oportunidad para hacerlo.

- ***Revisar el modelo actual de la gobernanza de la Agencia y analizar las estructuras que permitirían mayor continuidad en la toma de decisiones, así como una supervisión más concentrada de la planeación estratégica.*** Separar la toma de decisiones de alto nivel de la responsabilidad de la gestión diaria del organismo y sus procesos podría aumentar la eficacia de su modelo de gobernanza.

- ***Actualizar el reglamento interno de la ASEA para reflejar las nuevas responsabilidades y los acuerdos de presentación de informes, con el fin de aclararlos interna y externamente e incrementar la rendición de cuentas.*** Esto podría seguir a la publicación del reglamento unificado de la ASEA en el *Diario Oficial de la Federación.*

- ***Al redactar el reglamento unificado de la ASEA, usar buenas prácticas regulatorias, como la simplificación administrativa, para evitar sobrecargar al sector mientras se salvaguarda el interés público, en particular respecto a los procedimientos y formalidades administrativos.***

- ***Acorde con el plan operativo anual de la ASEA, preparar y analizar con la SEMARNAT el plan regulatorio anual de la propia ASEA.*** Esto ayudará a prever los obstáculos en el examen del anteproyecto de regulación por parte de los responsables oficiales de la mejora regulatoria (ROMR) de la SEMARNAT, antes de enviarlo a la COFEMER para el examen y la consulta pública.

- ***Planear una evaluación ex post de la regulación que se emita a más largo plazo.***

- ***Operacionalizar las plataformas digitales para los procedimientos administrativos gestionados por la ASEA, si es posible empleando sistemas conjuntos con los otros reguladores en materia energética.*** Cuando se haga la reingeniería y se definan las soluciones digitales para los procedimientos administrativos, se debe tener en cuenta el nivel de riesgo implícito en simplificar la presentación y el examen de las solicitudes o evaluaciones del impacto.

Rendimiento y resultados

Debido a la gran cantidad de datos que la industria proporcionará en 2018, conforme al reglamento de los Sistemas de Administración de Seguridad Industrial y Protección al Medio Ambiente (Safety and Environmental Management Systems, SEMS), la ASEA deberá cerciorarse de que tiene capacidad y recursos suficientes, así como marcos analíticos para procesar la información. La ASEA empezará a recopilar datos de la industria regulada según los SEMS a finales de 2018. Con base en esta información, la ASEA elaborará informes anuales sobre el desempeño del sector. Además de vigilar el sector que regula, una vez que se active el objetivo estratégico de percepción social, la ASEA planea hacer encuestas de opinión pública.

La ASEA ha reconocido la importancia de evaluar su propio desempeño, y la alta dirección de la Agencia ha participado en un ejercicio para fijar objetivos estratégicos e indicadores para vigilar su implementación desde 2015. Durante el primer periodo de planeación (2015-18), la vigilancia se concentra en 9 de los 23 objetivos estratégicos definidos. En un marco que se asemeja a la metodología Balanced Scorecard, los objetivos se relacionan con dos de cinco dimensiones: Proceso y Organización y Aprendizaje. Este marco deberá examinarse para presentar un equilibrio adecuado entre los indicadores de aportación y proceso (funcionamiento interno) y rendimiento y resultados (desempeño del sector), para darle visibilidad a la Agencia a mediano y largo plazo.

Recomendaciones para el sistema integrado de órganos reguladores en materia energética

- ***Establecer indicadores de desempeño organizacional para medir y dar seguimiento a la eficacia de la Agencia en la implementación de las metas y actividades estratégicas del plan operativo.*** Estas deberán ser encabezadas por el personal de cada uno de los reguladores encargados de diseñar e implementar los planes operativos y anuales, e incluir la colaboración de cada una de las unidades de la Agencia. Los indicadores deberán:

- **medir** las aportaciones y procesos a través de dimensiones críticas, como calidad, eficiencia, oportunidad;
- **evaluar** el impacto del rendimiento logrado (p. ej., permisos otorgados, periodos autorizados, inspecciones) en los resultados (p. ej., nuevo ingreso a los mercados, tasa de concentración del mercado para cada uno de los mercados de hidrocarburos, la capacidad que terceros ponen a disposición en los periodos autorizados, monto de la inversión en infraestructura requerida para abastecer mercados *midstream* y *downstream*, y cumplimiento de las obligaciones regulatorias).

- ***Al desarrollar las medidas de los indicadores, es importante tener en cuenta desde el principio el proceso que se utilizará para evaluar el desempeño.*** En particular deberán considerarse los datos y la información que será necesario recopilar para contar con las pruebas requeridas para medir el desempeño de cada uno de los indicadores. Cuando sea posible, estas medidas se prepararán con la información que las agencias ya recopilan de la industria regulada y de otras fuentes. El marco de aportación-proceso-rendimiento-resultados de la OCDE para los indicadores de desempeño (véase la gráfica 1) deberá utilizarse para desarrollar estas medidas.
- ***Los resultados generales del sector energético deberán usarse como indicador del impacto del cumplimiento de un regulador, reconociendo que hay diversos factores que influyen en el desempeño del sector.*** Habrá que reconocer el grado en que los resultados generales son necesariamente atribuibles a las actividades del regulador. Los indicadores generales podrían utilizarse como "atalaya" para evaluar el desempeño del sector, y el propio desempeño del regulador al cumplir el plan operativo. Esta información deberá comunicarse periódicamente a la alta dirección de los órganos reguladores para que sirva como registro del progreso y de las tendencias vigentes en el sector energético.

Gráfica 1. **Marco de aportación-proceso-rendimiento-resultados para los indicadores de desempeño**

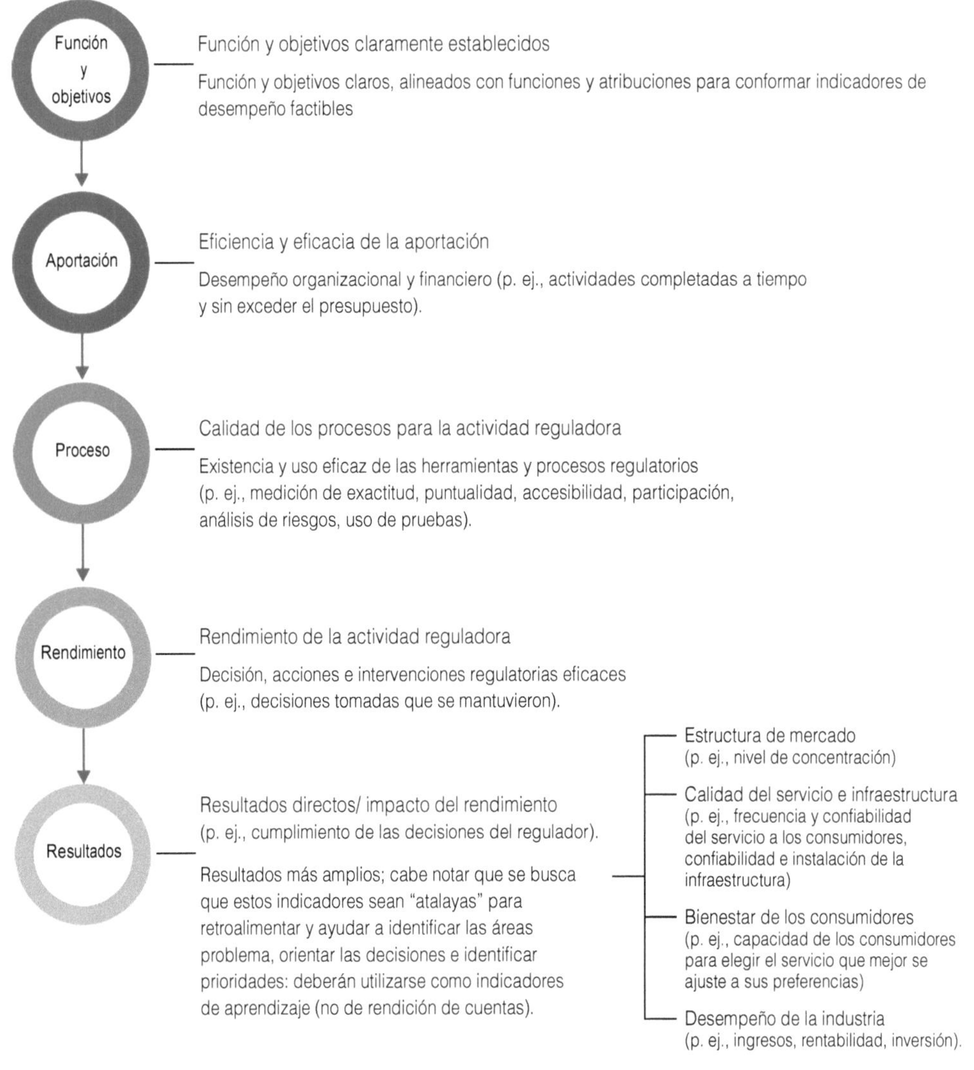

Nota: Este marco fue propuesto en la metodología inicial para el Marco para la Evaluación del Desempeño de los Reguladores Económicos (Performance Assessment Framework for Economic Regulators, PAFER) analizado con la Red de Reguladores Económicos (Network of Economic Regulators, NER) de la OCDE. Se afinó para reflejar la retroalimentación de los miembros de la NER y la experiencia de otros reguladores en la evaluación de su propio desempeño.

Fuente: OECD (2015), *Driving Performance at Colombia's Communications Regulator*, gráfica 3.3 (actualizado en 2017), OECD Publishing, París, http://dx.doi.org/10.1787/9789264232945-en.

Recuadro 7. **Medición del desempeño organizacional y normativo: marco de resultados departamentales de la Oficina Nacional de Energía (Canadá) y marco para la revisión del mercado minorista de la OFGEM (Reino Unido)**

Marco de resultados departamentales de la Oficina Nacional de Energía

La Oficina Nacional de Energía (National Energy Board, NEB) mide su eficacia para cumplir su mandato empleando un marco de resultados departamentales (Departmental Results Framework, DRF). Dentro del DRF, la NEB vincula sus responsabilidades fundamentales con los resultados y les adjunta los indicadores que intentan demostrar su desempeño en el cumplimiento de su mandato. El DRF proporciona información que utiliza la NEB y perfecciona el criterio que sigue para cumplir su mandato al cabo del tiempo.

La NEB también ha establecido un Comité de Evaluación de las Mediciones del Desempeño (Performance Measurement and Evaluation Committee, PMEC). El PMEC, formado por funcionarios de alto nivel de la NEB y su director general, examina el DRF y presenta trimestralmente los resultados al consejo. El informe de desempeño del DRF para el tercer trimestre de 2016 expone los resultados e indicadores departamentales de áreas combinadas (p. ej., supervisión de seguridad y medio ambiente). Para cada una de estas secciones, el DRF también establece el desempeño de los programas de la NEB. Para cada uno de estos programas, los resultados que la NEB trata de obtener están ligados a un indicador y una meta de desempeño. Además, también se exponen la finalidad de la medida, los resultados y acciones que la NEB propuso emprender habida cuenta de su desempeño.

Marco para la revisión del mercado minorista de la Oficina de Mercados de Gas y Electricidad (Office of Gas and Electricity Markets, OFGEM)

La OFGEM comenzó una revisión del mercado minorista de la electricidad en 2010 debido a las inquietudes de que había barreras para la participación eficaz del consumidor, incluida la complejidad de opciones de tarifas, poca calidad de la información ofrecida a los consumidores y bajos niveles de confianza en los proveedores de energía (OFGEM, 2017a). La revisión del mercado minorista (Retail Market Review, RMR) terminó en agosto de 2013, y como parte de esa revisión la OFGEM incluyó diversas propuestas para mejorar la participación del consumidor y la competencia en el mercado minorista de la electricidad.

La OFGEM estableció un marco de evaluación de la RMR para evaluar la eficacia de sus políticas en la participación del consumidor y la competencia en el mercado de la electricidad. La OFGEM desarrolló un marco teórico que plantea los resultados previstos de la normativa y los indicadores para medir el impacto.

Recuadro 7. **Medición del desempeño organizacional y normativo: marco de resultados departamentales de la Oficina Nacional de Energía (Canadá) y marco para la revisión del mercado minorista de la OFGEM (Reino Unido)** (*cont.*)

Estos resultados e indicadores estaban ligados a tres áreas temáticas de la reforma: crear confianza, aumentar el conocimiento y simplificar las alternativas de tarifas. El enfoque de evaluación de la OFGEM incluyó técnicas para determinar el impacto que sus políticas tienen en el mercado, incluida una investigación de mercado específica, un estudio de series de tiempo, vigilancia descriptiva, contexto holístico (poner las conclusiones en contexto con una vigilancia y evaluación del mercado más amplias), y evaluación del proceso (conocimiento de cuántos terceros habían implementado sus reformas) (OFGEM, 2014).

La OFGEM pretende realizar encuestas anuales que observen el impacto de estas políticas. Hasta ahora, ha encargado dos, las cuales incluyen a 6 000 consumidores de energía. La encuesta de la OFGEM de 2014 creó una referencia de las actitudes y la conducta de los consumidores, mientras que la de 2015 estudió los cambios ocurridos a lo largo del tiempo (TNS BRMB, 2015).

Fuente: National Energy Board (2016), Performance Report, Q3 report, March 2017, OFGEM 2015, Retail Market Review: A proposed way forward, https://www.ofgem.gov.uk/ofgem-publications/85836/retailmarketreviewmonitoringandevaluatingtheimpactofthenewrules.pdf (OFGEM, 2017). Retail Market Review, https://www.ofgem.gov.uk/gas/retail-market/market-review-and-reform/retail-market-review, TNS BRMB (2015), Retail Market Review 2015 Survey Report, https://www.ofgem.gov.uk/sites/default/files/docs/ofgem_rmr_survey_2015_report_published.pdf (acceso: 4 de abril de 2017).

- ***Cuando sea pertinente, los reguladores deberán colaborar al desarrollo de indicadores de desempeño.*** Si bien la diversidad de funciones de los reguladores implica que no hay un enfoque "que sirva para todos" en el desarrollo de indicadores (en particular respecto al rendimiento y los resultados), tendría mérito garantizar que los indicadores relacionados con las responsabilidades fundamentales de cada regulador estén armonizados y coordinados de modo que las actividades de uno no entren en conflicto con las actividades del otro. Además, hay algunos elementos comunes en las etapas del proceso y la aportación (p. ej., desempeño organizacional y financiero, uso eficaz de herramientas y de procesos regulatorios) para los cuales podrían desarrollarse indicadores en colaboración. Los indicadores comunes del desempeño organizacional facilitarían la comparación de la eficacia de los procesos internos de las agencias al propiciar la identificación de procesos internos alternativos más eficaces. Los reguladores deberán utilizar el GRE como foro para coordinar el desarrollo de estos indicadores.

- ***Establecer una plataforma común para proporcionar información a las partes interesadas en el desempeño del sector energético.*** Los indicadores generales que usan los reguladores como atalaya para evaluar el desempeño del sector también deberán ponerse a disposición externamente para permitir que los interesados den seguimiento al desempeño del sector energético. Una sola fuente de información sobre el desempeño del sector energético garantizaría que los interesados tuviesen un conjunto de datos comunes de donde podrían sacar conclusiones sobre el desempeño del sector, la eficacia de la regulación y los problemas venideros. Esto podría desarrollarse a través del GRE.
- ***Las agencias deberán entregar informes regulares al CCSE, a las comisiones de energía ordinarias de las dos cámaras del Congreso y a la Comisión Especial de los órganos reguladores coordinados en materia de energía.*** El contenido de los informes deberá adaptarse al mandato específico de la comisión; por ejemplo, los informes podrían concentrarse en el desempeño del sector para el CCSE y la Comisión Especial de los reguladores coordinados en materia energética (por su mandato para supervisar la implementación de la reforma energética). En contraste, los informes a las dos comisiones del Congreso podrían centrarse en el desempeño del sector y el funcionamiento interno de los órganos reguladores en materia energética, teniendo en cuenta la función del Congreso de determinar el presupuesto federal y la función del Senado de decidir los nombramientos de comisionados en la CRE y la CNH.

Recomendaciones para la ASEA

- ***Desarrollar las habilidades y la capacidad interna para analizar los datos que la industria enviará a la ASEA y cerciorarse de que esté en vigor para finales de 2018, cuando comenzarán a presentarse los datos de los SEMS.*** Esto garantizará que la ASEA esté equipada para analizar y procesar los datos en información y evidencia pertinentes.

- ***Examinar e implementar formas más atrayentes y accesibles de comunicar las actividades y resultados de la Agencia, además de la publicación de su informe anual en la página web.***
- ***Desarrollar una metodología para interactuar con la industria sobre su desempeño, con base en el análisis de los datos presentados.*** Esto incluiría la compilación de un informe anual y su divulgación a un público más amplio.

Recuadro 8. **Proyecto de Tendencia en el Nivel de Riesgo de Noruega**

El Proyecto de Tendencia en el Nivel de Riesgo (Trend in Risk Level Project, RNNP) se desarrolló en 1999 como instrumento de medición consensual del nivel de riesgo en el sector petrolero *offshore*, en respuesta a los desacuerdos sobre el nivel de riesgo entre las diferentes partes. Desde su concepción, el RNNP se convirtió en una actividad anual esencial de la Autoridad de Seguridad del Petróleo (PSA, Petroleum Safety Authority), con metodología e indicadores que se mejoran y fomentan cada año.

Un resultado clave de la metodología del RNNP es la identificación de indicadores pertinentes que reflejan diferentes aspectos del riesgo pertinentes para la industria petrolera. El análisis se basa en la triangulación: el uso de diferentes métodos, indicadores y herramientas para medir los mismos fenómenos. Los datos se recopilan a través de diversos canales: entrevistas, trabajo de campo, análisis o sistematización de informes escritos, y pasan por un proceso de aseguramiento de la calidad (los datos proporcionados por la industria son verificados por la PSA y viceversa).

El RNNP depende de una estrecha colaboración con otras partes, incluyendo retroalimentación de la industria acerca de la metodología y los indicadores, con el fin de garantizar el acuerdo sobre una descripción confiable del nivel de riesgo. La participación de la industria en las primeras etapas del proceso también es esencial para garantizar la recopilación de datos de buena calidad para el ejercicio. El proyecto está respaldado por expertos en seguridad muy calificados pertenecientes a instituciones académicas, la industria y otros especialistas nacionales.

La interacción con las partes interesadas, así como la publicación del informe anual del RNNP se da dentro del Foro de Seguridad [http://www.ptil.no/safety-forum/category917.html], establecido en 2001 para comenzar, analizar y dar seguimiento a temas pertinentes de seguridad, preparación para situaciones de emergencia y entorno laboral en la industria petrolera, tanto *offshore* como en instalaciones en tierra, desde una perspectiva tripartita. El Foro lo encabeza el director general de PSA y reúne a asociaciones de industriales y sindicatos.

Recuadro 8. **Proyecto de Tendencia en el Nivel de Riesgo de Noruega** (*cont.*)

El fruto del RNNP es un informe anual a escala industrial (no se publican resultados sobre empresas identificables), que se presenta en el Foro de Seguridad. La presentación identifica áreas mejorables y desafía a la industria a establecer medidas correctivas e implementarlas. Además de este impacto directo en las acciones de la industria para mitigar el riesgo, el ejercicio también ayuda a la PSA a registrar las prioridades estratégicas y planear sus actividades de supervisión.

Fuente: Dr. Øyvind Lauridsen, "Trends in Risk Level Norwegian Petroleum Activity (RNNP)", en CSB Public Hearing on Safety Performance Indicators, Houston, Texas, julio de 2012.

Capítulo 1

Metodología

Medir el desempeño regulatorio constituye un reto, empezando porque se debe definir qué se medirá, lidiar con factores confusos, atribuir resultados a las intervenciones y enfrentarse a la falta de datos e información. En este capítulo se describe la metodología desarrollada por la OCDE para ayudar a los órganos reguladores a enfrentar estos retos por medio de un Marco para la Evaluación del Desempeño de los Reguladores Económicos (Performance Assessment Framework for Economic Regulators, PAFER), que conforma este estudio. El capítulo muestra parte del trabajo realizado por la OCDE sobre la medición del desempeño regulatorio. Luego describe las características clave del PAFER y ofrece una tipología de los indicadores de desempeño para medir la aportación, proceso, rendimiento y resultados. Por último, presenta una perspectiva del criterio y las medidas prácticas tomadas para desarrollar este informe.

Marco analítico

El marco analítico que conforma este estudio se basa en el trabajo realizado por la OCDE al medir el desempeño regulatorio y la gobernanza de los reguladores económicos. Los países miembros de la OCDE y los reguladores han reconocido la necesidad de medir el desempeño regulatorio. La información sobre este desempeño es necesaria para destinar mejor los escasos recursos y optimizar el desempeño general de las normas regulatorias y de los reguladores. Sin embargo, la medición del desempeño regulatorio puede resultar todo un desafío. Algunos de estos retos incluyen:

- *Qué medir*: los sistemas de evaluación requieren un diagnóstico de la manera en que las aportaciones influyen en el rendimiento y los resultados. En el caso de la política regulatoria, las aportaciones pueden centrarse en: i) los programas generales diseñados para promover una mejora sistemática de la calidad regulatoria; ii) la aplicación de prácticas específicas tendientes a mejorar la regulación o iii) cambios en el diseño de reglamentos específicos.
- *Factores confusos*: hay infinidad de problemas contingentes que influyen en los resultados en la sociedad a la que se prevé que afecte la regulación. Estos problemas pueden ser tan sencillos como un cambio en el estado del tiempo o tan complicados como la última crisis financiera. Por consiguiente, es difícil establecer una relación causal directa entre la adopción de mejores prácticas regulatorias y mejoras específicas en los resultados de bienestar buscados en la economía.
- *Falta de datos e información*: los países suelen carecer de datos y metodologías para identificar si las prácticas regulatorias se ejecutan correctamente y qué impacto pueden tener en la economía real.

El *Marco de la OCDE para la evaluación de la política regulatoria* aborda estos retos con una lógica de aportación-proceso-rendimiento-resultados, la que divide el proceso regulatorio en una secuencia de pasos concretos. Dicha lógica es flexible y puede aplicarse tanto a la evaluación de las prácticas para mejorar la normativa regulatoria en general, como a la evaluación de la normativa regulatoria en sectores específicos, con base en la identificación de objetivos estratégicos pertinentes. Puede adaptarse a los reguladores económicos tomando en cuenta las condiciones que respaldan su desempeño.

Recuadro 1.1. **Secuencia lógica de aportación-proceso-rendimiento-resultado**

- Paso I. Aportación: los indicadores incluyen, por ejemplo, el presupuesto y el personal del cuerpo de supervisión regulatoria.
- Paso II. Proceso: los indicadores evalúan si hay requisitos formales para buenas prácticas regulatorias. Esto incluye los requisitos para establecer objetivos, la consulta, análisis de hechos fehacientes, simplificación administrativa, evaluaciones de riesgos y armonización internacional de cambios regulatorios.
- Paso III. Rendimiento: los indicadores proporcionan información que comunica si en realidad se implementaron buenas prácticas regulatorias.
- Paso IV. Impacto del diseño en los resultados (también denominados resultados intermedios): los indicadores evalúan si las buenas prácticas regulatorias contribuyeron a mejorar la calidad de los reglamentos. Por ende, intenta crear un vínculo causal entre el diseño de la política regulatoria y los resultados.
- Paso V. Resultados estratégicos: los indicadores evalúan si se lograron los resultados deseados con la política regulatoria, tanto en función de la calidad regulatoria como de resultados regulatorios.

Fuente: OECD (2014a), *OECD Framework for Regulatory Policy Evaluation*, OECD Publishing, París, http://dx.doi.org/10.1787/9789264214453-en.

Los *Principios para la Mejores Prácticas de la OCDE en materia de Política Regulatoria: Gobernanza de Reguladores* (OCDE, 2014b) identifica algunas de las condiciones que respaldan el desempeño de los reguladores económicos. Reconocen la importancia de evaluar la manera en que un regulador se dirige, controla, financia y se responsabiliza, con el fin de aumentar la eficacia general de los reguladores y promover el crecimiento y la inversión, incluyendo el apoyo a la competencia. Más aún, confirman el efecto positivo que el propio proceso interno del órgano regulador —cómo gestiona los recursos y qué procesos implanta para regular determinado sector o mercado— tiene en los resultados (gráfica 1.1).

Los dos marcos se juntan en un Marco para la Evaluación del Desempeño de los Reguladores Económicos (Performance Assessment Framework for Economic Regulators, PAFER) que estructura los impulsores del desempeño en el marco de aportación-proceso-rendimiento-resultado (cuadro 1.1).

Gráfica 1.1. **Principios de las mejores prácticas de la OCDE en materia de gobernanza de los reguladores**

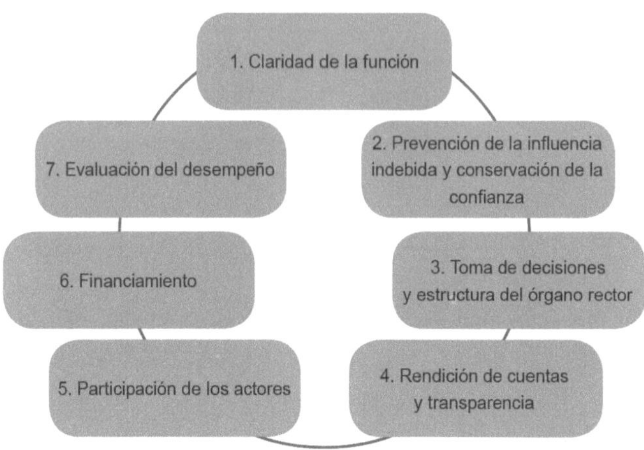

Fuente: Adaptado de OECD (2014b), *OECD Best Practice Principles for Regulatory Policy*, The Governance of Regulators, OECD Publishing, París, http://dx.doi.org/10.1787/9789264209015-en.

Cuadro 1.1. **Criterios para evaluar el propio marco de desempeño de los reguladores**

Referencias	Objetivos estratégicos	Aportación	Proceso	Rendimiento y resultados
Principios de las mejores prácticas para la gobernanza de los órganos reguladores	• Claridad de la función	• Financiamiento • Gestión presupuestaria y financiera • Gestión de recursos humanos	• Conservación de la confianza y prevención de la influencia indebida • Toma de decisiones y estructura del órgano rector • Rendición de cuentas y transparencia • Participación de los actores	• Evaluación del desempeño
Operadores institucionales, organizacionales y de supervisión	• Objetivos y metas • Funciones y facultades		• Estrategia, liderazgo y coordinación • Estructura institucional • Sistemas de gestión y procesos operativos • Relaciones y contactos con los órganos de gobierno, las entidades reguladas y otros interesados clave • Herramientas de gestión regulatoria	• Estándares e indicadores de desempeño • Procesos e informes de desempeño • Realimentación o evidencia externa del desempeño

Indicadores de desempeño

Para los reguladores, los indicadores de desempeño necesitan ser adecuados para la evaluación del desempeño, la cual es una valoración analítica, sistemática, de las actividades del órgano regulador con el fin de buscar la confiabilidad y funcionalidad de sus actividades. La evaluación del desempeño no es una auditoría que juzga cómo llevan a cabo su misión los empleados y directores, ni un control que haga énfasis en el cumplimiento de las normas (OCDE, 2004).

Por consiguiente, los indicadores de desempeño necesitan evaluar el uso eficiente y eficaz de las aportaciones de un regulador, la calidad de los procesos regulatorios e identificar el rendimiento y algunos resultados directos que puedan atribuirse a las intervenciones del regulador. Los resultados más amplios deberán servir como "atalaya" que proporciona la información que el regulador puede utilizar para identificar las áreas problemáticas, orientar las decisiones e identificar las prioridades (gráfica 1.2).

Criterio

El marco analítico presentado antes dio cuenta de la recopilación de datos y del análisis presentado en el informe. El presente informe es posterior a una primera fase en el estudio de los órganos reguladores en materia energética de México, que se centró en los elementos de gobernanza externos de la Agencia de Seguridad, Energía y Ambiente (ASEA), la Comisión Nacional de Hidrocarburos (CNH) y la Comisión Reguladora de Energía (CRE) (OCDE, 2017), y estudia los acuerdos de gobernanza interna de la ASEA en las siguientes áreas:

- ***Objetivos estratégicos***: identificar objetivos, propósitos o metas claramente establecidos que estén en armonía con las funciones y facultades del regulador, lo cual puede documentar el desarrollo de los indicadores de desempeño viables.
- ***Aportación***: determinar el grado en que el financiamiento y el personal del regulador son acordes con los objetivos, propósitos o metas de éste y a la capacidad del regulador para gestionar recursos financieros y humanos de manera autónoma y eficaz.
- ***Proceso***: evaluar el grado en que los procesos y la gestión organizacional respaldan el desempeño del regulador.

Gráfica 1.2. **Marco de aportación-proceso-rendimiento-resultados para los indicadores de desempeño**

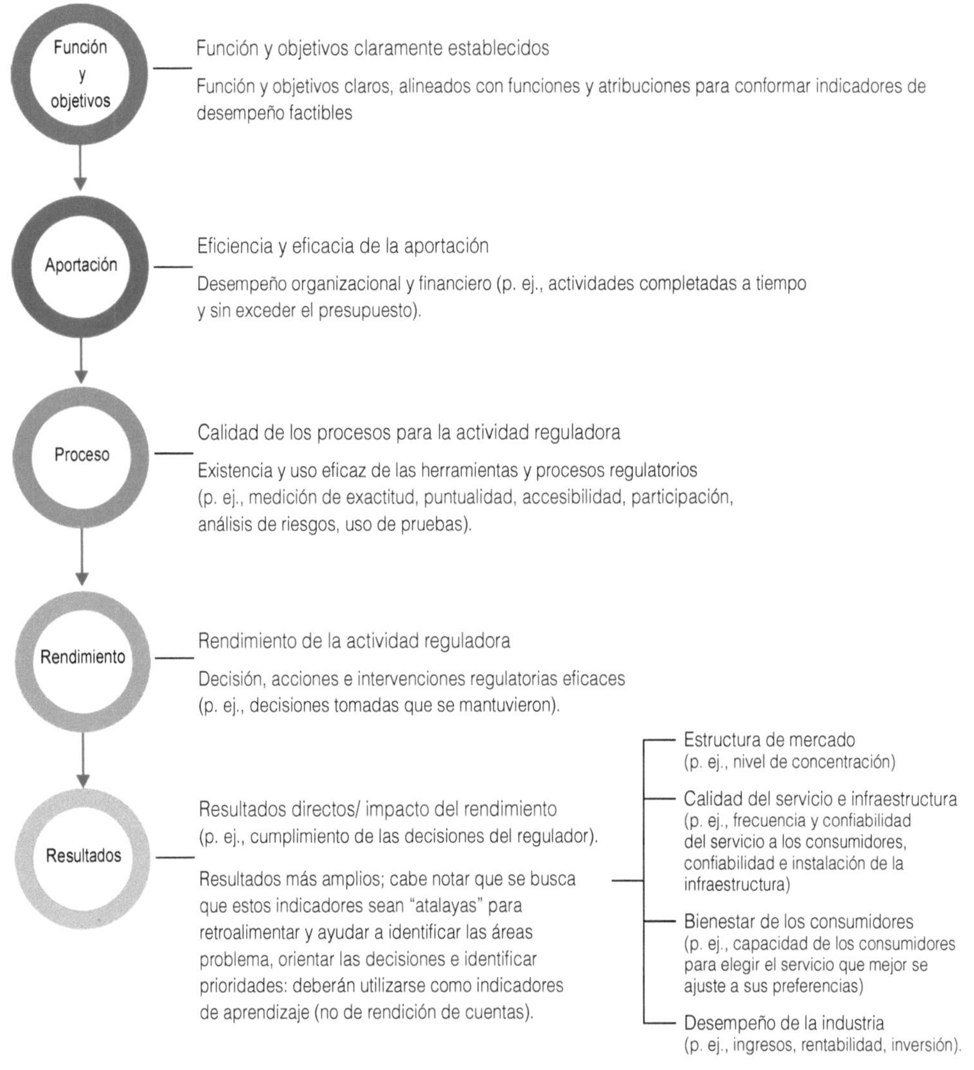

Nota: Este marco fue propuesto en la metodología inicial para el Marco para la Evaluación del Desempeño de los Reguladores Económicos (Performance Assessment Framework for Economic Regulators, PAFER) analizado con la Red de Reguladores Económicos (Network of Economic Regulators, NER) de la OCDE. Se afinó para reflejar la retroalimentación de los miembros de la NER y la experiencia de otros reguladores en la evaluación de su propio desempeño.

Fuente: OECD (2015), *Driving Performance at Colombia's Communications Regulator*, gráfica 3.3 (actualizado en 2017), OECD Publishing, París, http://dx.doi.org/10.1787/9789264232945-en.

- ***Rendimiento y resultados***: identificar una evaluación sistemática del desempeño de las entidades reguladas, el impacto de las decisiones y actividades del regulador y el grado en que estas mediciones se usan adecuadamente.

Los datos que conforman el análisis presentado en el informe se recabaron mediante una revisión de documentos, una misión de investigación y una misión de pares que visitó México:

- ***Revisión de documentos***: la Secretaría de la OCDE llevó a cabo un examen preliminar de la legislación y de los documentos de la ASEA para recabar información sobre el funcionamiento *de jure* del órgano e informar la base de una misión de investigación. En vista de la reciente instalación de la Agencia, se convino este criterio, aunado a una misión de investigación más larga, en lugar de mandar un cuestionario para que lo rellenara la Agencia.
- ***Misión de investigación***: la misión fue realizada por el personal de la Secretaría de la OCDE del 9 al 20 de mayo de 2016 en la Ciudad de México y fue la herramienta clave para recabar y completar la información *de jure* con el estado de las cosas *de facto*. El trabajo de la misión de investigación adaptó la metodología del PAFER, ya aplicada a la Comisión de Regulación de Comunicaciones de Colombia (OCDE, 2015a) y a la Comisión de Servicios Públicos de Letonia (OCDE, 2016b), a las características de la ASEA. La información recabada en mayo de 2016 se completó y se actualizó durante las misiones efectuadas en agosto de 2016 y enero de 2017, que también investigaron a los otros dos órganos reguladores en materia energética.
- ***Misión de pares***: la misión transcurrió del 21 al 24 de febrero de 2017 en la Ciudad de México e incluyó revisores pares, además del personal de la Secretaría de la OCDE. Esta misión incluyó tres equipos que hicieron trabajos paralelos en los tres estudios de los acuerdos de gobernanza interna de los reguladores en materia energética: la ASEA, la CNH y la CRE. De este modo, los equipos no solo identificaron las recomendaciones iniciales específicas para los distintos reguladores, sino también importantes sinergias y soluciones conjuntas para los tres reguladores en deliberaciones con los interesados clave.

Durante las misiones de investigación y de pares, el equipo se reunió con la alta dirección de la ASEA, miembros del Consejo de la CNH y la CRE, así como con personal de las tres instituciones. La lista completa de las instituciones reunidas durante las misiones de la primera fase que trabajan en la gobernanza externa de los reguladores se encuentra en el informe *Impulsando el desempeño de los órganos reguladores en materia energética de México* (OCDE, 2017).

Bibliografía

OECD (2017), *Driving Performance of Mexico's Energy Regulators*, The Governance of Regulators, OECD Publishing, París, http://dx.doi.org/10.1787/9789264267848-en.

OECD (2016), *Being an Independent Regulator*, The Governance of Regulators, OECD Publishing, París, http://dx.doi.org/10.1787/9789264255401-en.

OECD (2016b), *Driving Performance at Latvia's Public Utilities Commission*, OECD Publishing, París, http://dx.doi.org/10.1787/9789264257962-en.

OECD (2015a), *Driving Performance at Colombia's Communications Regulator*, The Governance of Regulators, OECD Publishing, París, http://dx.doi.org/10.1787/9789264232945-en.

OECD (2015b), *The Governance of Water Regulators*, OECD Studies on Water, OECD Publishing, París, http://dx.doi.org/10.1787/9789264231092-en.

OECD (2014a), *OECD Framework for Regulatory Policy Evaluation*, OECD Publishing, París, http://dx.doi.org/10.1787/9789264214453-en.

OECD (2014b), *The Governance of Regulators*, OECD Best Practice Principles for Regulatory Policy, OECD Publishing, París, http://dx.doi.org/10.1787/9789264209015-en.

OECD (2004), "The choice of tools for enhancing policy impact: evaluation and review", OECD, París, www.oecd.org/officialdocuments/publicdisplaydocumentpdf/?cote=gov/pgc(2004)4&doclanguage=en.

Capítulo 2

Contexto del sector

En este capítulo se describen las principales características de la estructura institucional y el marco regulatorio en el orden federal de México. Ofrece un panorama de la reforma del sector energético de 2013 y las consiguientes transformaciones del sector institucional.

El gobierno de México puso en marcha una gran transformación del sector energético del país. La reforma reestructuró la industria del petróleo y el gas no solo con miras a aumentar la inversión y los ingresos gubernamentales para beneficiar a los mexicanos, sino también para liderar en cuestiones ambientales al incorporar objetivos de energía limpia en la legislación. Abrió el acceso a recursos de hidrocarburos del país a entidades nacionales y extranjeras, públicas y privadas, acabando así con el monopolio de la empresa petrolera paraestatal Petróleos Mexicanos (PEMEX). Otra medida igual de importante fue la total apertura del sistema energético nacional a la participación privada con el propósito de reducir los costos de electricidad, facilitar la transición a fuentes de energía renovables y ampliar la cobertura eléctrica. Se hicieron importantes modificaciones correspondientes al marco institucional respecto a la regulación del sector, entre ellas una enmienda a la Constitución de los Estados Unidos Mexicanos y la promulgación de varias leyes primarias y secundarias. Este nuevo marco institucional fortaleció a los reguladores y creó nuevos, e introdujo cambios relevantes en las funciones y facultades de diferentes entidades federales.

Instituciones

La Constitución de los Estados Unidos Mexicanos divide el Supremo Poder de la federación mexicana en tres poderes: Legislativo, con un Congreso bicameral; Ejecutivo, con un presidente elegido directamente, y Judicial. México se compone de 32 entidades federativas que incluyen la Ciudad de México; cada una tiene su propia Constitución, Congreso, Poder Judicial y Ejecutivo, ejercido este último por un gobernador. La Constitución establece que el derecho de promulgar leyes y decretos le pertenece al presidente de México, a los diputados y senadores integrantes del Congreso y a las legislaturas estatales (OCDE, 2014).

Poder Ejecutivo

En el Poder Ejecutivo, varias instituciones intervienen en diferentes etapas del ciclo regulatorio, incluidas:

- La Oficina de la Presidencia de la República. Apoya al presidente en el ejercicio de sus funciones y supervisa y evalúa periódicamente las políticas públicas con el objetivo de contribuir a la toma de decisiones por parte del Ejecutivo.

- Secretarías federales competentes. Son las entidades centrales del Ejecutivo federal y se encargan de formular políticas públicas nacionales en su área de competencia. Las secretarías están facultadas para presentar proyectos de ley, así como para promulgar reglamentos, decretos y acuerdos, entre otros instrumentos jurídicos. La Secretaría de Hacienda y Crédito Público (SHCP) encabeza la labor de preparar y vigilar el Plan Nacional de Desarrollo, el cual estipula los objetivos generales de desarrollo de la administración.
- Secretaría de Gobernación. Fomenta el desarrollo político del país y contribuye a las relaciones entre el Poder Ejecutivo federal y otras entidades. Si bien en términos jerárquicos todas las secretarías son iguales, la Secretaría de Gobernación coordina las acciones de la administración pública federal y sus entidades centralizadas y paraestatales. Asimismo, administra el Diario Oficial de la Federación (DOF), órgano en el que se publican todas las leyes y reglamentos.
- Consejería Jurídica del Ejecutivo Federal. Examina y valida todos los decretos, acuerdos y otros instrumentos jurídicos que se someten a la consideración del presidente, así como los propuestos por este antes de presentarlos al Congreso. Evalúa la coherencia de las propuestas con la Constitución y la legislación actual.
- Comisión Federal de Mejora Regulatoria (COFEMER). A cargo de llevar adelante la agenda de calidad y mejora regulatoria de México, fue establecida como el órgano de supervisión regulatoria por la Ley Federal de Procedimiento Administrativo de 1994. Todas las secretarías y dependencias federales están obligadas a someter a la consideración de la COFEMER sus propuestas regulatorias y sus evaluaciones de impacto regulatorio (EIR) correspondientes.
- Órganos reguladores federales independientes. Son entidades autónomas, cuya independencia está consagrada en la Constitución, con facultades que van desde la emisión de reglamentos, fijación de aranceles y ejecución de reglamentos, hasta la aplicación de sanciones. En la reforma constitucional de 2013 se establecieron el Instituto Federal de Telecomunicaciones (IFETEL) y la Comisión Federal de Competencia Económica (COFECE) como órganos reguladores constitucionalmente independientes.
- Órganos reguladores coordinados en materia energética. Son entidades con autonomía técnica, financiera y administrativa que,

al igual que la categoría anterior, tienen rango de secretaría, cuyo presupuesto es aprobado por el Congreso y presentan sus proyectos de reglamentos directamente a la COFEMER. La reforma de 2013 transformó a la Comisión Nacional de Hidrocarburos (CNH) y la Comisión Reguladora de Energía (CRE) —previamente adscritas a la Secretaría de Energía— en órganos reguladores coordinados en materia energética.

- Órganos desconcentrados. Incluyen órganos reguladores con independencia técnica, pero con diferentes grados de autonomía administrativa o financiera de las secretarías federales competentes. Por lo general, se crearon mediante leyes o decretos con mandatos específicos del sector. Como entidades especializadas del gobierno federal, su jurisdicción opera en los ámbitos federal, regional y estatal. En el sector energético, la ASEA, el CENACE y el CENAGAS son entidades desconcentradas con autonomía técnica y administrativa.

Poder Legislativo

El Poder Legislativo federal en México es conferido al Congreso, integrado por la Cámara de Diputados y el Senado. El Congreso está formado por la Cámara de Diputados, que consta de 500 diputados, y el Senado, que consta de 128 senadores, y cuyos objetivos principales son el análisis, el debate y la emisión de leyes. La Cámara de Diputados aprueba el presupuesto federal y supervisa a la Auditoría Superior de la Federación que verifica su ejecución.

Poder Judicial

El Poder Judicial federal en México es conferido a la Suprema Corte de Justicia de la Nación (SCJN), el Tribunal Electoral, los Tribunales Colegiados de Circuito, los Tribunales Unitarios de Circuito y los Juzgados de Distrito. La administración, supervisión y aplicación de sanciones del Poder Judicial de la federación, excepto en lo que atañe a la Suprema Corte y al Tribunal Electoral, dependen del Consejo de la Judicatura Federal.

La SCJN tiene jurisdicción de apelación de última instancia sobre todos los tribunales estatales y federales. Por debajo de la SCJN están los tribunales de circuito, que se dividen en tribunales unitarios de circuito y tribunales colegiados de circuito. El Poder Judicial federal supervisa un mayor número de casos y, por consiguiente, ejerce más poder judicial que las judicaturas estatales (OCDE, 2014).

Instituciones de auditoría superior

- Procuraduría General de la República. Es parte del Poder Ejecutivo del gobierno, responsable de la investigación y procesamiento de los delitos federales. El procurador general encabeza el Ministerio Público de la Federación. Una reforma de la Procuraduría General prevé transformarla en Fiscalía General de la República, que fungirá como órgano constitucionalmente autónomo.
- Secretaría de la Función Pública (SFP). Establece el marco normativo de control y auditoria de los fondos federales, supervisa la implementación de las normas vigentes y, de así solicitársele, audita a las instituciones federales. La Secretaría cuenta con órganos internos de control en todas las entidades federales que supervisan el uso de recursos y presentan informes a la Secretaría.
- Auditoría Superior de la Federación. Tiene la facultad de realizar auditorías externas a los tres poderes de gobierno, así como a los órganos constitucionalmente autónomos, estados y municipios. Verifica el cumplimiento de los objetivos de las políticas y programas gubernamentales, y examina el nivel de desempeño de las entidades públicas y la administración correcta de ingresos y egresos. Es un órgano técnico de la Cámara de Diputados y la apoya en su función fiscalizadora de la Hacienda Pública federal.

Recuadro 2.1. **Reforma estructural en México**

En 2012, el recién elegido gobierno de México emprendió un audaz paquete de reformas estructurales dirigido a ayudar al país a liberarse de tres décadas de lento crecimiento y baja productividad, así como de los altos índices de pobreza y desigualdad que han afectado la calidad de vida de sus ciudadanos. Los fundamentos de estos objetivos se trazaron en las 13 decisiones presidenciales para México, contenidas en el mensaje a la nación que el presidente Enrique Peña Nieto pronunció al tomar posesión el 1 de diciembre en el Palacio

Recuadro 2.1. **Reforma estructural en México** (*cont.*)

Nacional. Estas decisiones se ampliaron en los 95 compromisos del Pacto por México, firmado por los líderes de los principales partidos políticos.

Cada una de las reformas es de gran alcance y aborda los principales retos en sus respectivos sectores. Estas incluyen: una reforma laboral que hizo mucho más flexible la contratación; una reforma de "amparos" que aumentó la eficiencia y la justicia del sistema jurídico; la implementación de un código nacional de procedimientos penales; una reforma educativa amplia que implantó normas más claras para maestros y escuelas; una reforma fiscal que mejoró la eficiencia del sistema tributario, aumentó la tasa de ingresos y fortaleció el marco de responsabilidad fiscal; una reforma en materia de competencia económica; reformas a los sectores financiero, de telecomunicaciones y energético que abrieron sectores que permanecieron largo tiempo cerrados a la competencia y fortalecieron las facultades de los reguladores; y una reforma del sistema político que permite a los políticos reelegirse, lo que les brinda una perspectiva a más largo plazo sobre la política. Esta impresionante labor política, que convierte a México en el principal reformador de la OCDE en los dos últimos años, merece reconocimiento.

De implementarse completamente, estas reformas incrementarían la tendencia de crecimiento anual del PIB per cápita hasta en un punto porcentual durante los próximos 10 años, correspondiendo la mayoría de los efectos iniciales a las reformas energéticas, y los más duraderos a las reformas educativas en los años venideros. De ahora en adelante, el principal reto es garantizar que estas reformas se implementen plenamente y avanzar en áreas que aún no se han abordado y que son clave para garantizar el éxito del paquete actual.

Fuente: OECD (2013), *Getting It Right: Strategic Agenda for Reforms in Mexico*, OECD Publishing, París, http://dx.doi.org/10.1787/9789264190320-en.

Reforma institucional y regulatoria del sector energético

Reforma del mercado

Antes de la reforma de 2013, la industria energética de México se caracterizaba por la limitada participación del sector privado. Las actividades relacionadas con hidrocarburos, como extracción y venta de petróleo y gas, correspondían solo a PEMEX. La responsabilidad exclusiva de PEMEX del sector de hidrocarburos se estableció en la Constitución mexicana (Seelke *et al.*, 2015). La producción de petróleo en México disminuyó constantemente durante la década pasada, debido a bajas naturales en la producción de los yacimientos petroleros más grandes del país, así como a la falta de inversión en el sector. No obstante, México se ha mantenido como uno de los mayores productores de petróleo y productos derivados en el mundo, y el cuarto más grande en América después de Estados Unidos, Canadá y Venezuela. El sector de los hidrocarburos ejerce gran influencia en la economía nacional en todos los aspectos: en 2014, los ingresos del sector petrolero representaron 30% de los ingresos gubernamentales y 11% de los ingresos por concepto de exportaciones (EIA, 2015). En 2013, los ingresos fiscales provenientes de recursos naturales no renovables representaron 8% del PIB (OCDE, 2015b).

En el caso del gas natural, PEMEX conservó el monopolio de toda la cadena de suministro hasta 1995, cuando se abrió parte del mercado. Esto permitió a las empresas privadas entrar al mercado de la transformación del gas (transporte, almacenamiento e importación de gas natural) (OCDE, 2004).

Recuadro 2.2. **Resumen de las tendencias actuales en el sector energético de México**

- La reforma energética de México, iniciada en 2013, está transformando los sectores de petróleo, gas y electricidad del país. Un nuevo marco regulatorio e institucional ha puesto fin a antiguos monopolios al abrir la competencia en todos los aspectos del suministro de petróleo y gas, así como en la generación de energía. Ahora los inversionistas privados, junto con PEMEX y la CFE, las dos grandes empresas paraestatales, pueden participar en diversos puntos de la cadena de valor de la industria energética, atrayendo capital y tecnología a áreas que requieren renovación.
- La demanda total de energía de México creció una cuarta parte desde 2000, y el consumo de electricidad 50%, pero el uso de energía per cápita todavía es inferior a 40% del promedio de la OCDE, lo que deja margen para un crecimiento futuro. En la combinación de energía predominan el petróleo y el gas, y el primero representa alrededor de la mitad del total, una proporción mayor incluso que en los países de Medio Oriente, que son muy dependientes del petróleo.
- Tradicionalmente, el petróleo ha tenido una importante función como combustible para la generación de energía, pero pierde terreno con rapidez frente al gas natural, cuya ventaja económica se ha reforzado por el auge del gas de esquisto en Estados Unidos. La generación de combustibles no

Recuadro 2.2. **Resumen de las tendencias actuales en el sector energético de México** (*cont.*)

fósiles, sobre todo la energía hidroeléctrica y la nuclear, representa hoy día una quinta parte del total. La energía eólica se ha afianzado, con una capacidad de alrededor de 3 GW (gigawatts) en 2015, aunque esta cifra es muy inferior a su potencial. El mercado de la energía solar fotovoltaica es incipiente, pero se espera que crezca rápidamente: las dos primeras subastas de suministro a largo plazo de nuevas energías, realizadas en 2016, demostraron la disposición del sector privado a invertir en nueva capacidad solar y eólica.

- La posición histórica de México como uno de los principales productores y exportadores de petróleo del mundo se debilitó en los últimos años, al bajar la producción petrolera en más de un millón de barriles diarios desde 2004. Esta caída en la producción está ligada a la escasez de fondos a disposición de PEMEX para gasto de capital orientado a desacelerar la baja de yacimientos maduros o a desarrollar nuevos. La combinación de capacidades de refinación limitadas y una creciente demanda significa que México es un importador neto de productos derivados del petróleo. La producción de gas natural también ha disminuido (la mayor parte está relacionada con el petróleo) y ahora las importaciones cubren casi 50% de la demanda de gas.
- Las consideraciones relativas a la sostenibilidad y el cambio climático son relevantes en la política energética de México. México fue uno de los primeros países en comprometerse a luchar contra el cambio climático en la etapa previa a la COP21 (Conferencia de las Partes) y uno de los que insistió con mayor firmeza para lograr un acuerdo sobre el tema en París. Ha legislado para adoptar un objetivo vinculante respecto al cambio climático, siendo el segundo país del mundo en hacerlo. Con cambios institucionales que ayudan a fomentar energías limpias, México inició un proceso hacia un sistema energético considerablemente más sostenible y eficiente en el futuro.

Fuente: IEA (2016), *Mexico Energy Outlook*, IEA, París, http://dx.doi.org/10.1787/9789264266896-en.

Al igual que el sector de hidrocarburos antes de 2013, el sector eléctrico era operado primordialmente por la Comisión Federal de Electricidad (CFE), empresa pública.* Las reformas a la legislación mexicana en materia de energía

* Hasta 1999, Luz y Fuerza del Centro también suministraba electricidad (Center for Energy Economics e Instituto Tecnológico y de Estudios Superiores de Monterrey, 2013).

promulgadas en 1992 permitieron a empresas privadas obtener permisos para generar electricidad y, como resultado, el sector privado participaba en la generación de electricidad en México incluso antes de la reforma de 2013. Sin embargo, la red eléctrica (tanto de transmisión como de distribución) pertenecía a la CFE y era operada por esta (OCDE, 2004).

Las reformas de 2013 se diseñaron, entre otras cosas, para incrementar la inversión en el sector de hidrocarburos, con el propósito de aumentar la producción petrolera, así como de ejercer presión para bajar las tarifas eléctricas (Presidencia de México, 2013). Para lograr este objetivo, se utilizaron más los mercados en los sectores de hidrocarburos y electricidad, combinados con la regulación independiente fortalecida. Como tal, el monopolio de PEMEX terminó, lo que abrió también a entidades privadas y extranjeras la exploración y producción de recursos de hidrocarburos del país, en rondas de licitaciones administradas por la CNH. Sin embargo, las reformas dejan en claro que los hidrocarburos son propiedad de México (SENER, 2014). A raíz de la reforma en el sector eléctrico, las empresas privadas pueden participar en la generación de energía eléctrica y venderla al nuevo mercado mayorista mexicano, independientemente de la CFE (SENER, 2014). Si bien las reformas refuerzan la transmisión y la distribución de la electricidad como "actividades estratégicas y exclusivas del Estado", según la Constitución mexicana, la CFE puede suscribir contratos con empresas privadas para reforzar su red eléctrica (SENER, 2014).

Reforma institucional y regulatoria

Antes de la reforma, la Secretaría de Energía (SENER) establecía la política del sector y las actividades eran reguladas por la Secretaría, la CNH y la CRE, y en algunas instancias por los estados o el propio PEMEX. La reforma implantó cambios muy significativos a esta configuración institucional aprobada por una reforma a la Constitución mexicana y la posterior promulgación de 21 leyes federales y 24 reglamentos. Los cambios incluyeron:

- Fortalecer los órganos reguladores en materia energética y convertirlos en entidades independientes con rango de secretaría que regulen la participación de empresas públicas y privadas: la CNH y la CRE (órganos reguladores coordinados en materia energética).
- Crear una nueva entidad regulatoria encargada de normar y hacer cumplir la seguridad industrial y la protección ambiental a lo largo de la cadena de valor de los hidrocarburos: ASEA.

- Asignar las responsabilidades vinculadas al sector de hidrocarburos a la Secretaría de Medio Ambiente y Recursos Naturales (SEMARNAT) al incorporar la ASEA a la Secretaría.
- Crear nuevos órganos descentralizados que operen en los mercados de la electricidad y el gas: el Centro Nacional de Control de Energía (CENACE) y el Centro Nacional de Control del Gas Natural (CENAGAS).
- Crear dos empresas productivas públicas que compitan y puedan asociarse con empresas privadas (antes monopolios): Petróleos Mexicanos (PEMEX) y la Comisión Federal de Electricidad (CFE).
- Crear un fondo federal para gestionar, distribuir e invertir los ingresos provenientes de actividades relacionadas con los hidrocarburos: Fondo Mexicano del Petróleo para la Estabilización y Desarrollo (FMP).
- Crear el Centro Nacional de Información de Hidrocarburos (CNIH) para administrar datos e información nacionales sobre hidrocarburos, función previamente realizada por PEMEX y el Instituto Mexicano del Petróleo (IMP). El CNIH está integrado a la estructura de la CNH.

Después de la reforma, la SENER sigue fijando la política del sector energético. Las principales funciones reguladoras para el sector corresponden ahora a la CNH como "regulador *upstream*" y a la CRE como "regulador *midstream* y *downstream*" en hidrocarburos y regulador en energía eléctrica; a la ASEA le competen la seguridad y la protección a lo largo de la cadena de valor de los hidrocarburos.

Gráfica 2.1. **Cronología de la implementación de la reforma energética, 2013-19**

2013

Dic. • **Reforma constitucional del sector energético de México**

• Reforma de la Constitución de México

2014

Ago. • **Promulgación de un paquete de leyes secundarias derivadas de la reforma energética**

• **Ronda 0: asignación de los campos de explotación a PEMEX por la SENER y la CNH**

• Ley de Hidrocarburos
• Ley de la Industria Eléctrica
• Ley de los Órganos Reguladores Coordinados en Materia Energética
• Ley de Petróleos Mexicanos
• Ley de la Comisión Federal de Electricidad
• Ley de la Agencia Nacional de Seguridad Industrial y de Protección al Medio Ambiente del Sector Hidrocarburos
• Ley de Energía Geotérmica
• Ley de Ingresos sobre Hidrocarburos
• Ley del Fondo Mexicano del Petróleo para la Estabilización y el Desarrollo

Oct. • **Publicación del reglamento interno de la ASEA**

Nov. • **La CNH emite lineamientos para las rondas de licitación de petróleo y gas**

Nov.-Dic. • **Definición de la estructura y el funcionamiento internos de la ASEA, la CNH y la CRE**

↓

• Reglamento interno de la ASEA, la CRE y la CNH (legislación secundaria)

2015

Ene. • **La CNH emite lineamientos para los estudios geológicos y geofísicos**

Mar. • **La ASEA inicia operaciones**

Jul. -Mar. 2016 • **Ronda 1: licitación de campos de petróleo y gas por parte de la SENER y la CNH**

Ago. • **La CNH emite lineamientos para regir el procedimiento de cuantificación y certificación de las reservas de la nación**

Sep. • **La CNH emite bases para licitación de información del Repositorio Nacional de Datos de Hidrocarburos**

• **La CNH emite lineamientos para la aprobación de la producción de petróleo y gas**

• **La CRE expide las tarifas de transmisión de energía eléctrica**

Nov. • **La CNH emite lineamientos para la aprobación de planes de exploración y producción**

Dic. • **La ASEA emite sus primeras regulaciones relativas al diseño, construcción, mantenimiento y operación de las estaciones de servicio**

• **La CRE emite tarifas de distribución de electricidad y tarifas ISO independientes**

• **La CRE expide permisos para estaciones de servicio de venta al por menor**

Gráfica 2.1. **Cronología de la implementación de la reforma energética, 2013-19** (*cont.*)

2016

Ene.	• La CNH emite lineamientos para el uso del gas no asociado en la producción de petróleo
Mar.	• La CRE publica las reglas de mercado iniciales del Certificado de Energías Limpias (CEL)
Abr.	• La CRE expide las disposiciones del Sistema Eléctrico Nacional: Código de Red
	• La CNH emite los lineamientos para la migración de información histórica
May.	• La ASEA emite regulaciones sobre los Sistemas de Administración de Seguridad Industrial, Seguridad Operativa y Protección al Medio Ambiente (SASISOPA)
Jun.	• La ASEA emite regulaciones sobre seguros para actividades *upstream*
Jul.-Mar. 2017	• Ronda 2: licitación de campos de petróleo y gas por parte de la SENER y la CNH
Sept.	• Primera reunión del Consejo de Coordinación del Sector Energético (CCSE)
Oct.	• La CNH emite lineamientos para perforar pozos para la exploración y producción de hidrocarburos
Nov.	• La CRE expedirá las tarifas de servicios auxiliares y de suministro básico
Dic.	• La ASEA emite regulaciones para los Sistemas de Administración de Seguridad Industrial, Seguridad Operativa y Protección al Medio Ambiente para las actividades *downstream* y ventas al por menor y regulación integral para las actividades *upstream*
2017	• Vigilancia del mercado al por mayor de electricidad por parte de la CRE
	• Apertura del mercado de la gasolina (sujeta a la apertura temprana conforme con la propuesta Iniciativa de Ley de Ingresos 2017
	• La ASEA emitirá regulación integral para las actividades *midstream*
	• La ASEA emite el reglamento para los Sistemas de Seguridad Industrial y Protección al Medio Ambiente (SEMS) para *donwstream* y venta minorista
	• La CRE emitirá metodologías para determinar las tarifas en materia de hidrocarburos (productos refinados, petróleo, gas natural y gas licuado de petróleo [LP]), el sistema integrado de almacenamiento y transporte de gas natural, las actividades de transporte por ducto y almacenamiento, y la distribución por ducto de gas natural
	• La CRE emitirá disposiciones administrativas de carácter general para el registro de transacciones con hidrocarburos (utilizando el sistema de información SIRETRAC)
	• La CRE modificará y actualizará la metodología en materia de precios de gas licuado de petróleo y gas natural objeto de venta de primera mano
	• La CRE emitirá metodologías para determinar las tarifas en materia de actividades de transporte por ducto y almacenamiento y de distribución por ducto
	• La CRE conducirá la temporada abierta de Logística Pemex para conceder a terceros capacidad de transporte y almacenamiento para gas LP

Gráfica 2.1. **Cronología de la implementación de la reforma energética, 2013-19** (*cont.*)

2017

- **La CRE expedirá disposiciones administrativas de carácter general para la venta de primera mano y comercialización de gasolina y diesel con regulación asimétrica para Pemex**
- **La CRE establecerá lineamientos para difundir el precio de venta de los combustibles en gasolineras (estaciones de servicio)**
- **La CRE emitirá normas técnicas para los participantes en el mercado y el sector de energía eléctrica y en materia de cogeneración eficiente**
- **La CRE expedirá una serie de disposiciones administrativas de carácter general para la electricidad, incluyendo:**
  - **El CENACE llevará a cabo subastas para garantizar la confiabilidad del sistema**
  - **Establecimiento de la separación operativa, funcionamiento y contable**
  - **Evaluación del beneficio neto de la nueva infraestructura de distribución y transmisión para el Programa de modernización y expansión del sistema de energía eléctrica**
  - **Recursos energéticos distribuidos**
- **La CRE expedirá el reglamento relativo a la operación del Sistema de Certificado de Energías Renovables**

2018

- **La ASEA se propone finalizar la legislación secundaria consolidada sobre seguridad industrial y protección ambiental en el sector de hidrocarburos**
- **La CRE publicará con la SENER el primer informe del CEL de vigilancia del mercado**

2019

- **Se espera que los tres reguladores en materia energética alcancen la autonomía financiera mediante los ingresos percibidos por derechos y multas**

Fuente: Adaptado por la OCDE de la ASEA, la CNH y la CRE.

Gráfica 2.2. Áreas de influencia y estatus jurídico de los actores institucionales del sector energético, después de 2013

Petróleo	Gas	Electricidad	Energía nuclear	Eficiencia energética	Seguridad y medio ambiente, hidrocarburos	Estatus legal
SENER	SENER	SENER	SENER	SENER	SEMARNAT	Jefe de sector
			CNSNS	CONUEE	ASEA*	Órganos desconcentrados de la Secretaría
CRE**	CRE**	CRE**				Órganos reguladores
CNH***	CNH***					
PEMEX	PEMEX	CFE	CFE			Empresas productivas estatales
	CENAGAS	CENACE				Operadores independientes de transmisión
IMP	IMP	INEEL	ININ****			Instituciones de investigación tecnológica

* Las regulaciones se aplican a toda la cadena valor de los hidrocarburos.

** En la industria de petróleo y gas, las regulaciones se aplican solo a los segmentos *midstream* y *downstream*.

*** En la industria de petróleo y gas, las regulaciones se aplican solo al segmento *upstream*.

SENER: Secretaría de Energía; SEMARNAT: Secretaría de Medio Ambiente y Recursos Naturales; CNSNS: Comisión Nacional de Seguridad Nuclear y Salvaguardias; CONUEE: Comisión Nacional para el Uso Eficiente de la Energía; ASEA: Agencia Nacional de Seguridad Industrial y de Protección al Medio Ambiente del Sector Hidrocarburos; CRE: Comisión Reguladora de Energía; CNH: Comisión Nacional de Hidrocarburos; PEMEX: Petróleos Mexicanos; CFE: Comisión Federal de Electricidad (servicios públicos); CENAGAS: Centro Nacional de Control del Gas Natural; CENACE: Centro Nacional de Control de Energía; IMP: Instituto Mexicano del Petróleo; INEEL: Instituto Nacional de Electricidad y Energías Limpias; ININ: Instituto Nacional de Investigaciones Nucleares.

Fuente: Adaptado de la Secretaría de la APEC (2016), "APEC Energy Overview", http://aperc.ieej.or.jp/file/2017/6/30/APEC+Overview+2016.pdf (fecha de acceso, 13 de julio de 2017).

Bibliografía

Center for Energy Economics e Instituto Tecnológico y de Estudios Superiores de Monterrey (2013), "Guide to Electric Power in Mexico", 2ª ed., www.beg.utexas.edu/energyecon/2013%20E.pdf (acceso: 9 de noviembre de 2016).

Congressional Research Service (2015), "Mexico's Oil and Gas Sector: Background, Reform Efforts, and Implications for the United States", Seelke, C. *et al.*, https://fas.org/sgp/crs/row/R43313.pdf (acceso: 9 de noviembre de 2016).

EIA (2015), "Mexico Country Overview", https://www.eia.gov/beta/international/analysis_includes/countries_long/Mexico/mexico.pdf.

IEA (2016), *Mexico Energy Outlook*, IEA, París, http://dx.doi.org/10.1787/9789264266896-en.

OECD (2016), *Governance of Regulators' Practices: Accountability, Transparency and Co-ordination*, OECD Publishing, París, http://dx.doi.org/10.1787/9789264255388-en.

OECD (2015a), *OECD Economic Surveys: Mexico*, OECD Publishing, París, http://dx.doi.org/10.1787/eco_surveys-mex-2015-en.

OECD (2015b), *OECD Revenue Statistics*, OECD Publishing, París, http://dx.doi.org/10.1787/rev_stats-2016-en-fr.

OECD (2014), *Regulatory Policy in Mexico: Towards a Whole-of-Government Perspective to Regulatory Improvement*, OECD Publishing, París, http://dx.doi.org/10.1787/9789264203389-en.

OECD (2013), *Getting It Right: Strategic Agenda for Reforms in Mexico*, OECD Publishing, París, http://dx.doi.org/10.1787/9789264190320-en.

OECD (2004), *OECD Reviews of Regulatory Reform: Mexico 2004: Progress in Implementing Regulatory Reform*, OECD Publishing, París, http://dx.doi.org/10.1787/9789264017528-en.

Presidencia de México (2013), "Infographic: 10 Benefits of the Energy Reform", www.presidencia.gob.mx/reformaenergetica/en/#!diez-beneficios (acceso: 8 de noviembre de 2016).

Secretaría de la APEC (2016), "APEC Energy Overview", http://aperc.ieej.or.jp/file/2017/6/30/APEC+Overview+2016.pdf.

SENER (2014), "Key elements of the Energy Reform", https://www.nho.no/siteassets/nhos-filer-og-bilder/filer-og-dokumenter/internasjonalt/key-elements-energy-reform-2.pdf (acceso: 8 de noviembre de 2016).

Capítulo 3

Gobernanza interna de la Agencia de Seguridad, Energía y Ambiente (ASEA)

El Marco para la Evaluación del Desempeño de los Reguladores Económicos (Performance Assessment Framework for Economic Regulators, PAFER) fue desarrollado por la OCDE para ayudar a los reguladores a evaluar su propio desempeño. El PAFER estructura los indicadores del desempeño a lo largo de un marco de aportación, proceso, rendimiento y resultados. En este capítulo se aplica el marco a la gobernanza interna de la Agencia de Seguridad, Energía y Ambiente de México(ASEA) y se examinan las características, oportunidades y desafíos que enfrentan los órganos reguladores para desarrollar un marco de evaluación de desempeño efectivo.

Función y objetivos

La ASEA se estableció como parte de una ambiciosa reforma en el sector energético, al ser una agencia regulatoria multidisciplinaria con la misión de supervisar la seguridad industrial y operacional y la protección ambiental a lo largo de la cadena de valor de los hidrocarburos, desde *upstream, midstream* y *downstream* hasta las actividades al menudeo. La ASEA es única internacionalmente, debido al alcance de sus responsabilidades, y es la primera vez que la seguridad industrial y la protección ambiental se incluyen en las competencias de una institución en México.

Gráfica 3.1. **Funciones de la Agencia de Seguridad, Energía y Ambiente (ASEA)**

REGULAR y SUPERVISAR la seguridad industrial y la protección al medio ambiente
HIDROCARBUROS
Exploración
+ 2900 km 2D sísmica
+ 6100 km² 3D sísmica
Extracción
+ 9300 pozos terrestres
+ 250 plataformas marinas
Producción
2.4 millones de barriles al día*
6.5 mil millones ft³ al día*
Transformación industrial
6 refinerías
9 complejos procesadores de gas
Distribución y venta al por menor
+ 12000 estaciones de servicio
LPG
+3300 centros de distribución y carburación de gas
Transporte
+ 60000 km de ductos
Almacenamiento
111 terminales

Fuente: Adaptada de la información proporcionada por la ASEA, 2015.

A partir de su creación en marzo de 2015, la ASEA ha resuelto complejas transferencias de facultades y se ha enfrentado a la existencia de áreas no reguladas previamente. Antes de la reforma, la mayor parte de las facultades para la regulación ambiental y el otorgamiento de licencias estaba en poder de la Secretaría del Medio Ambiente y Recursos Naturales (SEMARNAT) y sus órganos, y otra en la CNH y la CRE. Como único operador del sector, PEMEX había autorregulado su seguridad industrial y operativa, y la reforma creó un hueco regulatorio en esta área. Las funciones de regulación y supervisión vinculadas al sector de menudeo (gasolineras) habían estado en manos de autoridades estatales. En este complicado contexto, la ASEA dividió sus actividades en tres fases definidas en estos primeros años de operaciones: i) estabilización: transferencia de facultades de otras entidades y procesamiento de las aplicaciones transferidas (2015); ii) transición: adecuación de la regulación a la cadena de valor de los hidrocarburos (2016-17), y iii) arquitectura final: puesta en vigor de la legislación secundaria específica de ASEA (2018).

El equipo directivo de la ASEA, conformado por el director ejecutivo, su jefe de personal y los jefes de unidades, aprueba los objetivos estratégicos de la ASEA. El primer marco para el periodo 2016-18 fue aprobado en junio de 2015. La duración de estos tres años coincide a propósito con la segunda mitad del actual periodo presidencial (2013-18); para cuando tome posesión el nuevo jefe del Ejecutivo electo en 2019, se propondría un nuevo marco estratégico.

Los objetivos estratégicos (OE) de la ASEA se encuadran en cinco dimensiones (clientes finales, industria, proceso, organización y aprendizaje, recursos financieros), en un sistema que sigue la metodología Balanced Scoreboard. Durante el primer año de operaciones de la Agencia, el director ejecutivo y los jefes de unidad establecieron 24 objetivos estratégicos en un proceso incluyente. Los determinaron considerando el cumplimiento de la Ley de la ASEA. Debido a la amplitud de los retos presentes, el equipo de directivos seleccionó siete OE de un menú inicial de 24, en junio de 2015, para el primer periodo de planeación estratégica (2016-18), en un taller de planeación estratégica, y después validado en un grupo mayor que incluyó a todos los directores generales.

Todos los OE seleccionados mediante este proceso se encuentran dentro de las dimensiones de Proceso (4) y Organización y Aprendizaje (3), reflejando una decisión explícita de centrarse en establecer procedimientos y estructuras de gobernanza organizacional sólidos al crearse la Agencia. Así, los objetivos escogidos parecen ser principalmente de gestión o intermediarios, más que de desempeño y resultados del trabajo del regulador.

En un taller en enero de 2017, el equipo de directivos acordó "activar" dos OE adicionales para vigilancia, vinculados al posicionamiento de la Agencia, así como a su *sustentabilidad financiera*. También fusionó dos OE bajo el encabezado de recursos financieros, lo que dio un total de 23 OE.

Los objetivos estratégicos se traducen en programas de trabajo anuales que son aprobados por el Consejo Técnico.

Gráfica 3.2. **Objetivos estratégicos de la ASEA**

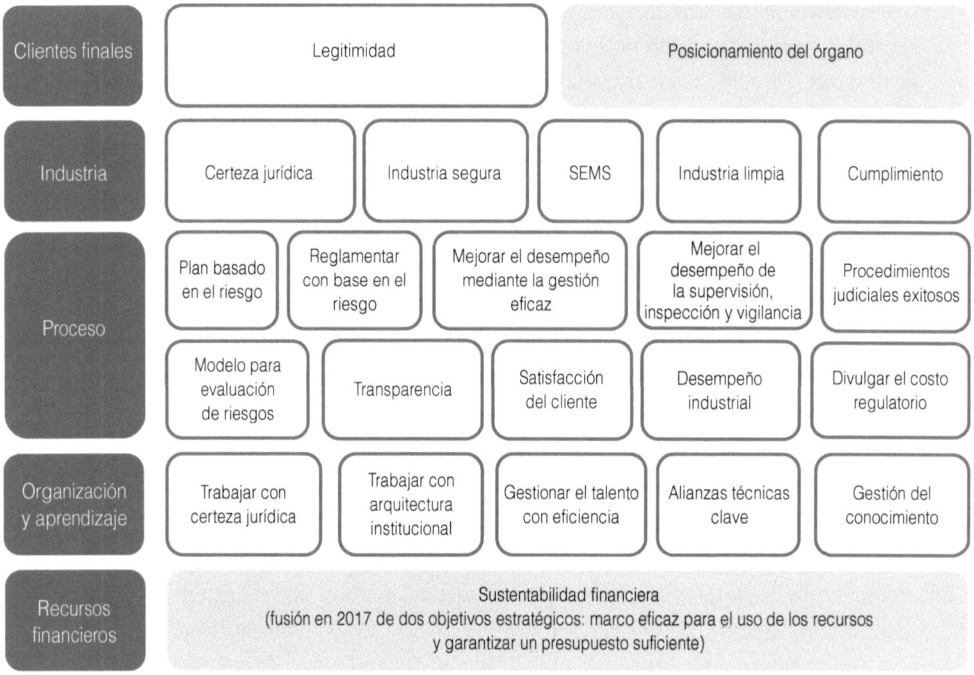

Clientes finales
Legitimidad
Posicionamiento del órgano

Industria
Certeza jurídica
Industria segura
SEMS
Industria limpia
Cumplimiento

Proceso
Plan basado en el riesgo
Reglamentar con base en el riesgo
Mejorar el desempeño mediante la gestión eficaz
Mejorar el desempeño de la supervisión, inspección y vigilancia
Procedimientos judiciales exitosos
Modelo para evaluación de riesgos
Transparencia
Satisfacción del cliente
Desempeño industrial
Divulgar el costo regulatorio

Organización y aprendizaje
Trabajar con certeza jurídica
Trabajar con arquitectura institucional
Gestionar el talento con eficiencia
Alianzas técnicas clave
Gestión del conocimiento

Recursos financieros
Sustentabilidad financiera (fusión en 2017 de dos objetivos estratégicos: marco eficaz para el uso de los recursos y garantizar un presupuesto suficiente)

Nota: Los OE "activados" para vigilancia en 2015 aparecen en azul claro; los de 2017, en gris. Los indicadores para otros todavía no se desarrollan ni vigilan.

Fuente: Información de ASEA, 2016.

Funciones y facultades

La creación de una entidad federal para regular y supervisar las instalaciones y actividades del sector de hidrocarburos en las áreas de seguridad industrial y operativa, así como la protección ambiental, fue propuesta en el artículo transitorio 19 de la reforma constitucional de diciembre de 2013. La Agencia fue creada por la Ley de la ASEA en agosto de 2014, en la que se le asignan las siguientes funciones:

- Contribuir con elementos técnicos relativos a la seguridad industrial y operativa y a la protección del medio ambiente en las políticas y leyes nacionales en materia energética.

- Regular y supervisar las actividades en el sector de hidrocarburos en relación con la seguridad industrial y operativa y la protección del medio ambiente a lo largo de la cadena de valor, incluyendo el desmantelamiento de infraestructura.
- Otorgar licencias a los operadores a lo largo de la cadena de valor de hidrocarburos en relación con la seguridad industrial y operativa y la protección del medio ambiente en colaboración con la CHN y la CRE (que serán responsables de otras áreas del proceso de otorgamiento de licencias).
- Autorizar Sistemas de Administración de Seguridad Industrial y Protección al Medio Ambiente (SEMS) basados en los requerimientos establecidos por la ASEA.
- Realizar inspecciones, proponer acciones correctivas e imponer sanciones o suspender actividades.
- Coordinar y revisar investigaciones de causa raíz (ICR) en caso de incidentes o accidentes y comunicar los riesgos y las lecciones aprendidas.
- Proporcionar los elementos técnicos para el diseño de planes nacionales de contingencia y protocolos de seguridad en caso de emergencias con miras a reducir los riesgos en el sector energético.
- Producir análisis económicos de las externalidades medioambientales y los riesgos asociados de las instalaciones y operaciones industriales.

Otorgamiento de licencias

La ASEA tiene poder para otorgar autorizaciones, permisos y licencias en el área de seguridad industrial y protección ambiental, así como para suspenderlas cuando identifique una falta de conformidad. La mayoría de las solicitudes también involucran a otros reguladores; la CNH o la CRE son las que las reciben y, si proceden, las reenvían a la ASEA para su revisión. Algunas áreas, como los SEMS o los residuos peligrosos, son competencia exclusiva de la ASEA.

Desde su creación, la ASEA se ha enfocado principalmente a otorgar licencias en el área de protección ambiental al haber absorbido las funciones de varias entidades en esta área. Con la publicación de la regulación sobre seguridad industrial y operativa *upstream* en mayo de 2016 (SEMS), la ASEA empezará a otorgar autorizaciones relativas a estas áreas (durante la fase de transición, estas consideraciones se incluyeron directamente en los contratos de operador en coordinación con la CNH).

Las licencias emitidas por la ASEA están reguladas por 11 leyes federales y hace referencia a 12 regulaciones subordinadas y 52 procesos de solicitudes diferentes. Las solicitudes se presentan en papel. La ASEA tiene como meta simplificar el proceso administrativo creando sistemas únicos en línea para finales de 2016 (ventanilla única), y para simplificar el número de procedimientos de solicitud mediante la elaboración de un reglamento unificado que se espera esté terminado a finales de 2017 o principios de 2018.

Desde que inició sus operaciones, el número de licencias procesadas por la ASEA ha crecido exponencialmente (cuadro 3.1). Este aumento corresponde a licencias otorgadas a gasolineras, previamente reguladas por los estados federales. Como tal, en 2016, 84% de las 9 847 licencias fueron otorgadas en el área de menudeo de la cadena de valor de hidrocarburos, que presenta un nivel de riesgo menor en comparación con las actividades de extracción y exploración.

Cuadro 3.1. **Número de licencias procesadas por la ASEA**

	2015	2016
Número de licencias	1500	9847
Porcentaje de aumento por año	–	654%

Fuente: Información proporcionada por la ASEA, 2017.

Inspección y control de calidad

La ASEA tiene la facultad de inspeccionar operadores industriales a lo largo de la cadena de valor de los hidrocarburos, de emitir recomendaciones para acciones correctivas y de imponer sanciones o suspender operaciones en caso de incumplimiento o de alto riesgo. Durante la fase de estabilización, la Unidad de Inspecciones se concentró en seguimientos de incidentes y accidentes. Actualmente se prepara un marco de referencia para inspecciones basadas en riesgos que prevendrá incidentes mediante inspecciones dirigidas e incluirá indicadores para medir el riesgo en siete áreas específicas de operaciones (bloques). Recibirá información proveniente de varias fuentes: i) evaluaciones e inspecciones de riesgo como parte de los SEMS, ii) inspecciones realizadas por las compañías aseguradoras, iii) inspecciones que cada dos años hacen terceros certificados y iv) inspecciones hechas por la ASEA enfocadas a sitios de alto riesgo basadas en análisis de información previa.

Las inspecciones desplegadas por la ASEA están reguladas por la Ley de la ASEA y el reglamento interno de la Agencia. El número de inspectores por visita está limitado a un máximo de tres por las medidas actuales de austeridad federal publicadas en el DOF el 22 de febrero de 2016 por la SHCP y la SFP.

Cuadro 3.2. **Visión general de inspecciones, recomendaciones y medidas correctivas implementadas por la ASEA, a diciembre de 2016**

Item	2015	2016
Investigaciones de causa raíz (ICR) presentadas	24	24
ICR pendientes de presentar	1	3
Recomendaciones	172	147
Inspecciones	594	1187
Medidas de seguridad recomendadas	26	88
Medidas correctivas urgentes recomendadas	296	167
Simulacro de derrame de petróleo	8	4

Notas: En 2016, la ASEA participó en un simulacro internacional de derrame de petróleo en Houston, MEXUSGULF 2016.

Fuente: Información proporcionada por la ASEA, 2017.

Recuadro 3.1. **Modelo de gestión ASEA con base en riesgos**

La ASEA implementa un modelo de gestión con base en riesgos para hacer frente a sus amplias responsabilidades y aplicar sus recursos en la forma más eficiente. Este modelo se basa en cinco pilares.

- A las entidades reguladas se les pide que diseñen, implementen e informen sobre **Sistemas de Administración de Seguridad Industrial y Protección al Medio Ambiente (Safety and Environmental Management Systems, SEMS)**, que incluyen estrategias y evaluación de riesgos que son seguidas anualmente.
- La ASEA dio prioridad a la emisión de reglamentos sobre los **requerimientos de seguros** de las entidades reguladas para garantizar suficiente responsabilidad financiera en caso de incidentes o accidentes.
- La ASEA favorece los reglamentos que se **basan en el desempeño** más que los prescriptivos, permitiendo innovaciones en la industria.
- La ASEA favorece **aplicaciones correctivas** por encima de las sanciones, emitiendo recomendaciones para medidas correctivas diseñadas para disminuir el riesgo.
- **Las inspecciones** en campo se programan de acuerdo con el análisis del nivel de riesgo, enfocándose en sitios de alto riesgo, y son apoyadas por terceros acreditados.

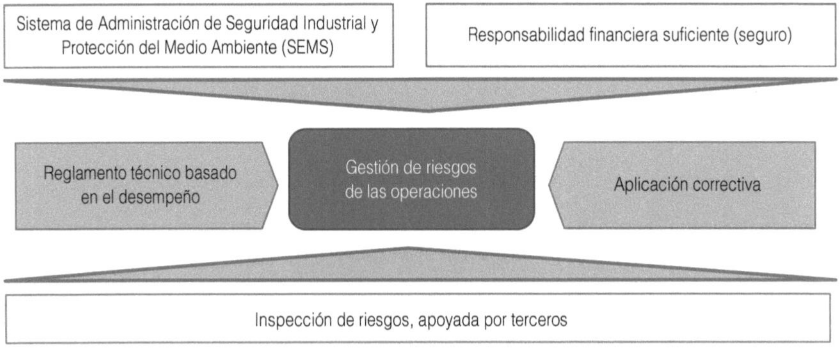

Fuente: Información proporcionada por la ASEA, 2016.

Coordinación con otras partes interesadas gubernamentales

Hay otras partes interesadas que intervienen en la gestión del sector de hidrocarburos, incluyendo secretarías de Estado y otras agencias reguladoras. Debido a que la ASEA ha absorbido funciones de diversas entidades, son de vital importancia la clara separación de facultades y funciones, así como la coordinación con estos actores para minimizar las "zonas grises" y el traslape de actividades. Durante las fases de estabilización y transición, la ASEA ha colaborado estrechamente con gran número de entidades federales de manera cotidiana. Por ejemplo, en el análisis y concesión de autorizaciones en cooperación con la CNH o en respuesta a incidentes con otras agencias gubernamentales; esta colaboración de facto tiene lugar cuando surge una tarea específica (p. ej., el análisis de una aplicación o incidente) y no está regida por convenios de cooperación formal. La Ley de la ASEA contempla un mecanismo de coordinación por lo menos con la STPS; también espera establecer convenios formales de cooperación con la CNH y la CRE.

Durante las fases de estabilización y transición, el departamento jurídico de la ASEA ha emitido oficios que buscan aclarar las facultades y responsabilidades de otras entidades. Estos oficios se emiten a través de correspondencia oficial puntual enviada a las agencias en cuestión y no se hacen del conocimiento del público.

La creación del Consejo de Coordinación del Sector Energético (CCSE) está estipulada en la Ley de los Órganos Reguladores Coordinados en Materia Energética (2014). Entre sus objetivos, el Consejo implementará sistemas para compartir información y cooperación institucional en el sector. Está presidido por el secretario de Energía y deberá reunirse por lo menos cada trimestre; la ASEA no está incluida en la lista estatutaria de instituciones participantes, pero puede ser invitada a participar en reuniones. El CCSE se constituyó en septiembre de 2016, cuando se reunió por primera vez.

Cuadro 3.3. Colaboración con las partes interesadas en México

Institución	Función	Área de colaboración con ASEA	Gobernanza / modalidad
		Secretarías de Estado	
Secretaría de Medio Ambiente y Recursos Naturales (SEMARNAT)	Dicta y conduce la política nacional sobre recursos naturales, cuando no es gestionada por otras instituciones federales, y el medio ambiente.	La SEMARNAT es la cabeza del sector ambiental y la ASEA es una entidad desconcentrada de la Secretaría. Interacción entre diferentes áreas de la ASEA y la SEMARNAT de acuerdo con sus áreas de competencia.	Marco legal (Ley de la ASEA)
Secretaría de Energía (SENER)	Dicta las políticas generales para el sector energético como un todo.	Interacción entre las diferentes áreas de la ASEA y la SENER, de acuerdo con sus áreas de competencia (p. ej., rondas de licitación). Participación en consultas de pueblos indígenas respecto a actividades de E y P a través de la Comisión Interinstitucional. La ASEA recibe opiniones de la SENER sobre proyectos de reglamentos.	Marco legal (Ley de Hidrocarburos)
Secretaría de Trabajo y Previsión Social	Responsable de la gestión de salud y seguridad ocupacional.	Colaboración operativa en áreas como inspecciones en el centro de trabajo.	Marco legal (Ley de la ASEA).
Secretaría de Comunicaciones y Transportes	Dicta y conduce la política de desarrollo del transporte y las comunicaciones.	Colaboración operativa en temas como inspecciones y prevención de contaminación de hidrocarburos en el mar.	Marco legal (Ley de la ASEA; otros).
		Reguladores nacionales en materia energética	
CNH	Regulador de *upstream* en el sector de hidrocarburos que regula y supervisa las actividades de E y P, gestiona los procesos de licitación y firma y administra contratos de E y P en representación del Estado mexicano.	Interacción entre diferentes áreas de la ASEA y la CNH, según sus áreas de competencia. La ASEA recibe opiniones de la CNH sobre proyectos de reglamentos.	Marco legal (Ley de Hidrocarburos, LORCME).
CRE	Regulador de *midstream* y *downstream* en hidrocarburos y regulador económico en el sector eléctrico.	Interacción entre diferentes áreas de la ASEA y la CRE según su área de competencia. La ASEA recibe opiniones de la CRE sobre proyectos de reglamentos.	Marco legal (Ley de Hidrocarburos, LORCME).
		Asociaciones nacionales en la industria	
Asociación Mexicana de Empresas de Hidrocarburos (AMEXHI)	Asociación civil sin fines de lucro que reúne a los principales inversionistas y operadores de petróleo y gas en México. Fundada en la Ciudad de México en febrero de 2015, actualmente cuenta con alrededor de 50 miembros.	Implementación de las rondas de licitación en México. Abren comunicación respecto a los reglamentos que tiene que emitir la ASEA; SEMS, requerimientos de seguros. Estudios de referencia regionales en materia ambiental.	No hay acuerdo por escrito. Cooperación operativa.

Cuadro 3.3. **Colaboración con las partes interesadas en México** (*cont.*)

Institución	Función	Área de colaboración con ASEA	Gobernanza / modalidad
		Asociaciones nacionales en la industria (*cont.*)	
Asociación Mexicana de Gas Natural (AMGN)	La AMGN empezó sus operaciones en 1998 como una asociación que representa el interés de las compañías que participan en la industria del gas natural. Tiene más de 30 miembros.	Definición de criterios para implementar evaluaciones regionales de impacto ambiental. Revisión de la Norma Oficial Mexicana (NOM). Programa preventivo de excavación "Llame antes de cavar".	No hay acuerdo por escrito. Cooperación operativa.
Estaciones de servicio	Las asociaciones de estaciones servicio representan el interés o los objetivos de sus miembros.	Diálogo estructurado para abordar y resolver inquietudes. Socialización de la regulación. Presentación e información sobre permisos y autorizaciones (eventos regionales).	No hay acuerdo por escrito. Cooperación operativa.
Asociaciones de gas LP	Varias asociaciones independientes y sin fines de lucro representan el interés de las empresas del sector. Son asociaciones tanto nacionales como regionales.	Diálogo estructurado con las asociaciones. Sesiones de información para compartir reglamentos venideros.	No hay acuerdo por escrito. Cooperación operativa.

Fuente: Información proporcionada por la ASEA, 2017.

Cuadro 3.4. **Colaboración con actores internacionales**

Institución / Foro	Área de colaboración con la ASEA	Modalidad / gobernanza
	Reguladores internacionales	
EUA: Bureau of Safety and Environmental Enforcement (BSEE)	Reglamento para actividades *offshore* Aguas profundas Sistemas de Administración de Seguridad Industrial y Protección del Medio Ambiente (SEMS) Preparación y respuesta ante emergencias Control de pozos	Memorándum de entendimiento firmado en octubre de 2016.
EUA.: Bureau of Ocean Energy Management (BOEM)	Armonización de criterios de estudios de referencia en el Golfo de México Uso de dispersantes Reglamento de impacto ambiental	Carta de intención firmada en octubre de 2016
Canadá: Alberta Energy Regulator (AER)	Recursos no convencionales Colaboración con el International Centre of Regulatory Excellence (ICORE)	No hay acuerdo por escrito. Cooperación operativa.

Cuadro 3.4. **Colaboración con actores internacionales** (*cont.*)

Institución / Foro	Área de colaboración con la ASEA	Modalidad / gobernanza
	Reguladores internacionales (*cont.*)	
Noruega: Petroleum Safety Authority (PSA)	Compartir las mejores prácticas	No hay acuerdo por escrito. Cooperación operativa.
Reino Unido: Health and Safety Executive (HSE)	Capacitación de personal técnico (a través del UK Prosperity Fund) Reglamento para actividades *offshore* Inspecciones y aplicación	No hay acuerdo por escrito. Cooperación operativa.
Canadá: National Energy Board (NEB)	Cultura de una agencia reguladora Cultura de seguridad industrial Sistemas de gestión y medición del desempeño Independencia de los reguladores	No hay acuerdo por escrito. Negociación de una carta de intención
	Asociaciones internacionales en la industria	
American Petroleum Institute (API)	Acceso a normas de petróleo y gas Acreditación de terceros	Memorándum de entendimiento (MDE) firmado en mayo de 2016.
Centre for Offshore Safety (COS)	Acceso a normas de petróleo y gas Acreditación de terceros	Colaboración regida por MDE con API.
	Foros de cooperación multilateral	
International Offshore Petroleum Environmental Regulators (IOPER)	Seguridad industrial y protección ambiental en instalaciones *offshore* Indicadores comunes al sector en los diferentes reguladores Desmantelamiento Informe anual de incidentes y accidentes	
International Regulators Forum (IRF)	Seguridad industrial y protección ambiental en instalaciones *offshore* Indicadores de cultura de seguridad	
	Grupo de expertos	
Centro para la normativa de aire limpio	Capacitación e intercambio de información sobre mejores prácticas para regular, prevenir y mitigar emisiones de metano en el sector de hidrocarburos.	Carta de interés

Fuente: Información proporcionada por ASEA, 2017.

Participación en la política pública

Las competencias del Consejo Técnico de la ASEA incluyen contribuir con elementos técnicos relacionados con las políticas nacionales de seguridad industrial y protección ambiental. A diciembre de 2016, no han pedido al Consejo que presente recomendaciones sobre la normativa.

Relación con el Ejecutivo

La ASEA es órgano desconcentrado de la Secretaría del Medio Ambiente y Recursos Naturales (SEMARNAT). Tiene independencia administrativa y técnica, lo que implica que la Secretaría no puede interferir en las decisiones técnicas, pero depende de ella en aspectos financieros y presupuestales. Esto la diferencia de los otros dos principales reguladores del sector, la CRE y la CNH, que son órganos con rango de secretaría y, por ende, están dotados con un nivel más alto de autonomía financiera y administrativa.

La afiliación de la ASEA a la SEMARNAT se adapta bien a su absorción de varias funciones de la SEMARNAT. La creación de un nuevo regulador técnico fue motivada por la necesidad de contar con responsabilidades claras para áreas sin regulación previa, así como por el deseo de establecer un contrapeso a los otros actores federales que intervienen en el sector, y que tradicionalmente están más cercanos a la Secretaría de Energía. La creación de la ASEA aumentó considerablemente las responsabilidades de la SEMARNAT en el sector de hidrocarburos. Esto significa que la ASEA interviene en un sector en que la SEMARNAT tiene experiencia y conocimientos técnicos limitados, lo que ha podido llevar a malentendidos y frustraciones. También aumenta la necesidad de una colaboración estrecha entre SEMARNAT y SENER.

Relación con los sectores regulados

La ASEA ha buscado establecer un diálogo estructurado con la industria para proporcionar información sobre su función y los nuevos procedimientos y para escuchar las inquietudes de la industria. Este diálogo tiene lugar primordialmente a través de grupos colectivos de la industria, divididos en *upstream* (AMEXHI, Asociación Mexicana de Empresas de Hidrocarburos), *midstream* (AMGN, Asociación Mexicana de Gas Natural) y grupos minoristas (estaciones de servicio o gasolineras, y representantes de gas natural/GLP). Las reuniones se organizan regularmente en la Ciudad de México y en las entidades federativas. La ASEA prepara un registro de participantes para estas juntas. La ASEA no está obligada por ley a hacer pública la información relativa al calendario y al contenido de estas reuniones y no está disponible en el sitio web de la Agencia.

Aportación

Recursos financieros

Fuentes de financiamiento

La ASEA recibe financiamiento a través de transferencias del Ejecutivo (SEMARNAT) incluidas en el presupuesto federal, así como ingresos derivados de cuotas y multas pagadas por operadores de la industria. La Ley de la ASEA prevé la creación de un fideicomiso que servirá para recibir estas últimas. Se espera que, a la larga, el fideicomiso financie los costos operativos de la Agencia y ya no dependa de las transferencias del Ejecutivo. En cuanto al plan de implementación de la reforma energética, los reguladores del sector gradualmente deberán alcanzar autonomía financiera y no depender de las transferencias del presupuesto federal.

En diciembre de 2016, el fideicomiso aún no había sido establecido y dichos fondos percibidos por la industria no podían aún ser absorbidos o usados por la ASEA. Todavía no se ha formado un comité técnico, compuesto por un representante de la SHCP, la SEMARNAT y la alta dirección de la ASEA, que deberá definir las normas de operación del fideicomiso y supervisar su funcionamiento. En cuanto a los otros dos reguladores coordinados en materia energética (CNH y CRE), el techo general del fideicomiso se fijó en el triple del presupuesto del año pasado; sin embargo, se calcula que no será suficiente para cubrir las necesidades de la Agencia. El fideicomiso también puede absorber fondos no usados del año anterior (trasladarlos) sin necesidad de aprobación adicional. En potencia, puede ser un poderoso instrumento de autonomía financiera.

A principios de 2017, la ASEA buscaba estructurar la metodología usada para definir el nivel de cuotas pagadas por la industria. Esto se refiere a actualizar las cuotas de 10 procedimientos transferidos por la SEMARNAT y la PROFEPA a la ASEA, así como definir la cuota para 11 nuevos procedimientos manejados por la ASEA. La nueva metodología será definida con enfoque costo-recuperación y de viabilidad, admisibilidad y legalidad de la cuota.

En cuanto a las multas relacionadas con seguridad industrial, la ASEA determina su nivel con base en parámetros establecidos por la ley de la ASEA, así como la Ley de Metrología. En cuanto a las multas relacionadas con protección ambiental, la ASEA las impone basándose en el capítulo IV de la Ley de Protección Ambiental.

Cuadro 3.5. **Presupuesto y recursos de la ASEA, 2015-17, en pesos mexicanos**

	Transferencias del Poder Ejecutivo		Recursos de la ASEA	Presupuesto total
	Presupuesto de RH	Presupuesto operativo		
2015	140 300 374.08	167 147 961.40	0	307 448 335.48
2016	282 250 231.77	165 128 258.02	0	447 378 489.79
2017	321 370 608.00	240 135 265.00	0	561 505 873.00

Fuente: Información proporcionada por la ASEA, 2017.

En 2015 la propuesta inicial para el presupuesto de la ASEA se vio reducida casi a la mitad, y luego aún más afectada por los recortes implementados en el presupuesto federal en diciembre de 2015. Estas reducciones al personal y al presupuesto de la ASEA dejaron sentir su efecto al frenar la capacidad de la Agencia para realizar tareas extraordinarias durante las fases de estabilización y transición de sus operaciones. La situación se resolvió mediante un diálogo con la SEMARNAT y la SHCP en 2016, que dio como resultado un aumento en el presupuesto y el empleo de 150 personas adicionales, así como la contratación de apoyo externo para actividades regulatorias más urgentes. En la actualidad se piensa que el nivel de recursos disponibles para la Agencia es suficiente para cumplir con sus funciones.

Gestión de recursos financieros

La ASEA depende de la SEMARNAT para sus procesos presupuestales y no tiene autonomía financiera. La ASEA presenta a la SEMARNAT su propuesta de presupuesto (junio-julio) que, a su vez, lo incluye en el presupuesto sectorial presentado a la SHCP (septiembre). El presupuesto de la SEMARNAT, incluido las atribuciones específicas de la ASEA, es aprobado en noviembre por el Congreso. Se fija el presupuesto para Recursos Humanos supeditado a la cantidad de personal autorizado previamente. Modificar la plantilla requiere un proceso de enmienda oneroso con la Secretaría de la Función Pública.

Una vez que se aprueba el presupuesto operativo anual, la ASEA es relativamente autónoma en su gestión. Se requieren aprobaciones adicionales en caso de nuevas actividades o solicitud de más fondos (SEMARNAT); viajes internacionales del personal (Secretaría del Medio Ambiente) y gastos en comunicación social (Secretaría de Gobernación).

El presupuesto anual se prepara con base en propuestas de las diferentes unidades. No se estructura de acuerdo con los objetivos estratégicos de la Agencia, sino con las tres líneas presupuestales correspondientes a la práctica federal (categorías de presupuesto M, G y P). Esta falta de planeación presupuestaria y financiera con base en resultados afecta la vigilancia y la evaluación de las operaciones de la ASEA.

Un plan anual de adquisiciones se prepara con base en el presupuesto anual y es aprobado por la Dirección de Compras de la SEMARNAT, la cual también tuvo que aprobar los documentos relativos a las consultas de mercado y las licitaciones abiertas. La ASEA puede otorgar directamente contratos menores a 310 000 pesos mexicanos (aproximadamente 15 000 euros), tiene que entrar a consulta de mercado de tres proveedores para contratos entre 310 000 y 1 900 000 pesos mexicanos (92 000 euros) y tiene que publicar una licitación abierta para contratos superiores a 1 900 000 pesos.[1] Estos procesos en general, y respectivamente, toman alrededor de dos semanas, un mes y cinco días, y entre 45 y 60 días.

Recursos humanos

La plantilla general de la ASEA, aprobada por la SHCP y la SFP, ha fluctuado dependiendo de los recortes presupuestales. En diciembre de 2014 se hizo una propuesta inicial de 512 empleados, pero después de la revisión de la Secretaría de Hacienda, en marzo de 2015 se implementó una fuerza laboral de 312, que en diciembre de 2015 se redujo aún más: a 294. Después de negociaciones entre la SEMARNAT y la SHCP en 2016 se reconocieron las limitaciones de recursos de la ASEA y se aumentó en un significativo 50% (430 personas) para agosto de 2016.

Cuadro 3.6. **Fuerza de trabajo de la ASEA 2015-16**

Año	Número de personal de apoyo	Número de personal profesional	Fuerza de trabajo total
2015	49	256	305
2016	89	370	459
2017	89	370	459

Fuente: Información proporcionada por la ASEA, 2017.

Cuadro 3.7. **Personal profesional de la ASEA por familia de empleo**

Familia de empleo/profesión	Porcentaje total de profesionales (No incluye personal de apoyo)
Contabilidad	13
Comunicación	3
Economía	8
Ingeniería química	80
Legal	85
Administrativo	9
Ingeniería ambiental	24
Biología	25
Otro (favor de especificar, relaciones internacionales, psicología, geología, etc.)	123
Total	**370**

Fuente: Información proporcionada por la ASEA, 2017.

Cuadro 3.8. **Personal profesional de la ASEA por género**

	Mujeres	Hombres	Total
Alta dirección	5	35	40
Personal profesional	142	188	330

Fuente: Información proporcionada por la ASEA, 2017.

El director ejecutivo de la ASEA tiene la libertad de nombrar y cesar miembros del equipo de alta dirección (jefes de unidad). La ASEA no aplica el servicio profesional de carrera y las vacantes no se anuncian abiertamente. Entre los meses de marzo y octubre de 2015, la ASEA cubrió 300 puestos, los miembros del grupo de alta dirección identificaron candidatos potenciales que fueron contactados directamente por el equipo de Recursos Humanos. Cuando fue posible, entrevistaron a tres candidatos, pero esta práctica casi nunca fue posible por falta de entrevistados calificados. El proceso incluyó una entrevista con un equipo de psicólogos, pruebas psicométricas y una entrevista técnica.

El nivel de remuneración ofrecido por la ASEA sigue el tabulador de sueldos del gobierno federal, el cual divide cada nivel para un grado particular del personal profesional en tres clases (A, B, C). Aun cuando lo habitual sería que el personal entrara a una organización en la clase A, debido al contexto del sector, la ASEA puede nombrar personal en la clase C, lo que representa cerca de 30% de aumento en el salario. Sin embargo, se cree que no será suficiente para competir con la industria una vez que entren al mercado más entidades privadas y los precios del petróleo suban.

Gestión de recursos humanos

Uno de los grandes retos de la ASEA es encontrar y retener personal calificado. Debido a la estructura previa del sector, hay poco talento disponible en el área conjunta de seguridad industrial y protección ambiental, y el conocimiento del sector hidrocarburos se ha concentrado primordialmente en PEMEX. La ASEA está implementado estrategias para enfrentar este reto. Se han establecido programas de capacitación con actores nacionales (Instituto Mexicano del Petróleo) e internacionales (Bureau of Safety and Environmental Enforcement y Bureau of Ocean Energy Management de Estados Unidos y el Health and Safety Executive, británico). La ASEA también está invirtiendo en otros programas de capacitación y certificación de personal para sus inspectores, que normalmente trabajan en equipos de dos en dos, uno de nivel junior y otro senior, para una capacitación en el lugar de trabajo y tutoría.

La ASEA estableció herramientas para guiar la administración de recursos humanos en un tiempo muy breve, e incluye una política de recursos humanos y un marco de competencias para personal técnico; está en preparación el de competencias administrativas, un análisis extenso de los requisitos para ascensos entre niveles, etc., que aún tienen que volverse operativos en un sistema integral de evaluación de desempeño del personal. Sin embargo, los resultados de evaluación de desempeño no conllevarán ascensos o bonos. La Agencia no cuenta con una normativa que promueva la igualdad de género entre el personal del equipo de directivos.

Proceso

Toma de decisiones y órgano rector

La Agencia tiene independencia técnica, y las decisiones regulatorias y operativas las toma el director ejecutivo con apoyo del equipo de directivos. El director ejecutivo de la Agencia es nombrado directamente por el Presidente de México y puede ser destituido libremente por él. La mayor parte de las decisiones vinculadas al trabajo técnico de la Agencia o su administración son tomadas por el director ejecutivo.

Consejo Técnico

La constitución del Consejo Técnico de la ASEA y sus funciones se estipula en la Ley de la ASEA: deberá aprobar el plan de trabajo anual y los informes anuales, convenir en temas relacionados con seguridad industrial y operativa y protección ambiental que le presenten, supervisar el funcionamiento del fideicomiso de la ASEA, aprobar el código de conducta de la Agencia y aportar elementos técnicos para el diseño y la formulación de políticas nacionales. Es dirigida por el secretario de la SEMARNAT, con representantes con nivel de director general como mínimo de las siguientes instituciones que participan en el Consejo: Secretaría de Gobernación, de Hacienda y Crédito Público, de Energía, de Comunicaciones y Transportes, de Trabajo y Previsión Social, de Salud, de Marina, la CRE, la CNH, la Comisión Nacional del Agua, la Comisión Nacional para las Áreas Naturales Protegidas y el Instituto Nacional de Ecología y Cambio Climático. Deberá reunirse por lo menos una vez al año. Sus normas de operación se encuentran en el sitio web de la ASEA.[2]

El Consejo Técnico se instaló en su primera junta en mayo de 2015. En 2016 se reunió una sola vez en septiembre, donde se aprobó el informe anual 2015 de la Agencia. Las normas de operación establecen que el Consejo debe tener por lo menos una sesión ordinaria por año, y puede tener sesiones extraordinarias a solicitud del presidente. Las minutas o actas resumidas de las juntas deberán ser enviadas a los miembros para su firma. Son consideradas información pública, pero las normas de operación aprobadas por Consejo Técnico no establecen que deban ser publicadas y no se ponen a disposición proactivamente. Todavía deben desarrollarse los procedimientos para la toma de decisiones por parte del Consejo o cómo contribuir a los procesos de política nacional. La ASEA tendrá que aplicarse a desarrollar procedimientos más avanzados y a organizar juntas más frecuentes del Consejo Técnico.

Comité Científico

El Comité Científico apoya al director ejecutivo en la toma de decisiones cuando la complejidad técnica del tema en cuestión lo requiere. Los miembros del Comité provienen de diferentes áreas de conocimiento, son nombrados por el director ejecutivo con mandatos de un año y realizan sus funciones a título honorario. El Comité puede encargar estudios externos si lo considera necesario para sus procesos de toma de decisiones. La membresía del Consejo es pública. No hay normas específicas que regulen los posibles conflictos de intereses en el caso de los miembros del Comité.

El Comité Científico se instaló el 16 de diciembre de 2015, y durante ese año estuvo compuesto por expertos en las áreas de manejo de suelo y agua, ley en materia de energía, biodiversidad, seguridad industrial y protección ambiental, y transparencia. En su primera junta, el director ejecutivo estableció las prioridades laborales para 2016. En ese año, el Comité no se reunió por falta de quórum y no se renovaron formalmente los mandatos de los miembros del Comité.

Transparencia y rendición de cuentas

Como entidad federal, la ASEA debe rendir cuentas al Congreso. Aunque el titular de la Agencia puede ser llamado a comparecer ante el Congreso, no hay mecanismo formal o estructurado para realizar informes o actividades de divulgación. Las dos cámaras del Congreso incluyen Comisiones Ordinarias en materia energética, y la de Diputados tiene una Comisión Especial de reguladores coordinados en materia energética, creada en abril de 2016. La Comisión Especial ha estado en funciones totales desde diciembre de 2016 e incluye a los tres reguladores y su personal; su meta es supervisar la implementación de la reforma energética. Hasta ahora no hay un programa de trabajo predefinido ni iniciativas ni minutas públicas.

En contraposición a las Comisiones en materia energética que son ordinarias, la Comisión de los reguladores coordinados en materia energética tiene estatus especial, que en la práctica significa que solo puede emitir recomendaciones a las comisiones ordinarias, pero no son vinculantes. Sus primeras actividades consistieron en transmitir las inquietudes de los interesados respecto a los cambios que acarrearía la reforma (p. ej., cambios en requisitos para los permisos de gasolineras con la ASEA, liberación de precios del petróleo con la CRE).

El contacto con la industria está estrictamente regulado por la Ley de la ASEA y el código de conducta de la Agencia. Al solicitar una junta con el personal de la ASEA, las entidades reguladas comunican las áreas propuestas para análisis, lo que permite que haya una categorización de la junta para convertirse en audiencia (debate sobre un procedimiento en vigor) o bien en una reunión de trabajo (solicitud de información general). Una audiencia solo puede ser autorizada por el director ejecutivo o el jefe de unidad, tiene que incluir por lo menos a dos funcionarios de la ASEA, llevarse a cabo en instalaciones de la Agencia, es preciso preservar la junta en grabación de audio o video (pero no hacerla pública) y publicar un registro de la reunión en el sitio web de la ASEA (asistencia, fecha). También habrá que tener un acta semejante de la reunión de trabajo en el sitio web. Dichas actas están disponibles para ser consultadas en el sitio web de la ASEA.[3]

La Ley de la ASEA estipula que el director ejecutivo no puede haber tenido acciones o trabajado en entidades reguladas durante un año antes de su designación al puesto, o que ningún pariente en primer grado lo haya tenido. No hay normas para el director ejecutivo aplicables al periodo posterior al empleo en la ASEA, y tampoco normas específicas para ningún otro personal en la Agencia. Por ley federal, todo empleado de la ASEA debe hacer una declaración patrimonial al ingresar a la organización, actualizarla cada año y de nuevo al dejar la organización. Asimismo, la Ley Federal de Responsabilidades de los Servidores Públicos estipula que los servidores públicos no podrán usar en beneficio propio o de un tercero la información que no sea de dominio público hasta por un año después de haber concluido sus responsabilidades.[4] La aplicación de las leyes federales está supervisada por la Secretaría de la Función Pública.

Gestión organizacional interna

La estructura de la ASEA se rige por un reglamento interno que es aprobado por la SEMANART. El reglamento interno se revisó la primera vez después de los recortes presupuestales de 2015, y ahora está siendo revisado nuevamente tomando en consideración la decisión de volver a aumentar los recursos de la ASEA. En síntesis, la Agencia está estructurada por la oficina del director ejecutivo, varias unidades enfocadas a la gestión de permisos, inspecciones, reglamentos y normas legales, planeación, administración y asuntos legales. Las unidades están compuestas por direcciones generales. La estructura organizacional es muy jerárquica y centralizada: toma de decisiones, planeación de actividades y monitoreo se realizan dentro del equipo de directivos, presidido por el director ejecutivo. El reglamento interno de 2015 no ha sido reformado oficialmente, si bien en la práctica la organización y responsabilidades que describe sí se han modificado. Se planea que una vez que el reglamento específico de la ASEA esté terminado a principios de 2017, el reglamento interno se enmiende en mayo de 2017.

Gráfica 3.3. **Modelo de gestión ASEA**

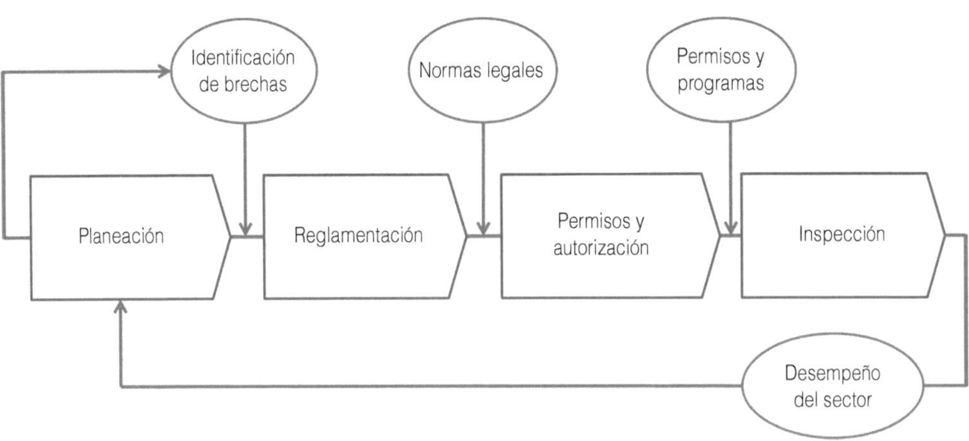

Fuente: ASEA, 2016.

El modelo de gestión de la ASEA está basado en procesos, intercambio de información y flujo de trabajo fluido entre las unidades: la unidad de planeación identifica lagunas en la regulación mediante un análisis de riesgos; la unidad de normatividad cubre estas lagunas proponiendo nuevos reglamentos (en colaboración con otras áreas); la unidad de gestión implementa estas normas legales a través de permisos y autorizaciones; la unidad de inspecciones supervisa la implementación de las normas durante las operaciones e incidentes relacionados, y recibe y analiza la información sobre el rendimiento del sector, que es alimentado en el análisis de riesgos del sector por la unidad de planeación. En la práctica, a este modelo le falta todavía ser completamente operacional.

La unidad de planeación ha designado un modelo avanzado de flujo de trabajo que describe procesos, subprocesos, procedimientos, de acuerdo con el *software* Arquitectura Institucional que los mapea y proporciona ligas de los documentos relevantes. Dar a conocer el uso de esta sofisticada herramienta y, por ende, asegurar su valor, va a requerir recursos significativos y aceptación de la gerencia y el personal, y podría ser difícil hasta que la estructura y el tamaño de la organización se hayan estabilizado después del último cambio en los recursos. Por otra parte, será importante asimilar su uso dentro de la cultura de trabajo lo más pronto posible, antes de que se creen otros hábitos.

Compromiso de las partes interesadas

La nueva regulación emitida por la ASEA es enviada a la COFEMER a través de la SEMARNAT, junto con las evaluaciones de impacto regulatorio (EIR), y la COFEMER la publica para consulta durante 30 días. En ese lapso, puede iniciar una consulta pública realizada por un particular, una compañía u organización, y se contestará con los documentos adicionales proporcionados. Además, se puede solicitar una reunión pública si esta información se considera insuficiente. El proceso es público y abierto a todos.

En el caso de los lineamientos, adicionalmente la ASEA ha incluido de manera voluntaria la consulta con la industria, en etapa preliminar, en el proceso regulatorio. Esta fase (socialización con la industria) se realiza al mismo tiempo que la consulta con otras entidades gubernamentales y antes de la consulta pública formal y obligatoria gestionada por la COFEMER, y puede tomar un promedio de 15 días hábiles. La consulta consiste en una reunión en que la ASEA invita a los representantes de la industria (órganos colectivos), presenta el proyecto de lineamiento y lo comparte por escrito con la industria.

Ningún comentario es vinculante y la industria puede hacer los mismos comentarios de nuevo durante la fase de consulta pública de la COFEMER. La lista de participantes de la reunión de socialización y los comentarios los guarda la ASEA por escrito, pero no se hacen públicos de manera proactiva.

Si bien la ASEA está dotada de autonomía técnica, después de la mencionada consulta a la industria también presenta el proyecto de regulación para recibir comentarios de la Secretaría de Hacienda, la Secretaría de Medio Ambiente y Recursos Naturales, la Secretaría de Energía, la CRE y la CNH antes de terminar el proyecto de ley y enviarlo a la COFEMER (a través de la SEMARNAT) para consulta pública. Los comentarios de estas entidades no son vinculantes, pero la ASEA ha modificado textos de acuerdo con los comentarios recibidos y archivados por ella. La ASEA contempla este paso como una herramienta útil para el control de calidad y la coordinación, no como mecanismo para ejercer influencia sobre las actividades regulatorias de la ASEA.

Gráfica 3.4. **Pasos de la ASEA para desarrollar nuevos reglamentos que incluyen la participación de los interesados: un año**

Fuente: Información proporcionada por la ASEA, octubre 2016.

En caso de definir nuevas normas, el Comité Consultivo Nacional de Normalización de Seguridad Industrial y Operativa y Protección al Medio Ambiente (CONASEA) en el sector de hidrocarburos, propone y desarrolla borradores; para eso congrega a representantes de la ASEA, a otras entidades públicas, a la industria y a la academia. El CONASEA celebró su sesión inaugural en abril de 2015 y está compuesto por tres subcomités: distribución y menudeo, exploración y extracción, y procesos industriales, transporte y almacenamiento. La membresía actual del CONASEA puede consultarse en la página web oficial de la ASEA: http://www.asea.gob.mx/cms/wp-content/uploads/2015/09/CNN-Directorio-del-CONASEA-010915.pdf.

Recuadro. 3.2. **Tipos de lineamientos secundarios en México**

Reglamentos: la finalidad de los reglamentos es detallar aún más las situaciones contempladas en una ley. Son aplicables a cualquier persona que entre en la categoría prevista por el lineamiento, que puede referirse a diferentes materias, como trabajo, medio ambiente, negocio u oficio, entre otros. Los emite el Ejecutivo para implementar una ley.

Decretos: órdenes administrativas dictadas por la administración pública encaminadas a regular una situación específica. Pueden ser administrativos, legislativos o judiciales. Los decretos emitidos por el Poder Ejecutivo son administrativos.

Normas técnicas: regulaciones técnicas emitidas por la administración pública con miras a regular las características de un bien o servicio y que se producen dentro del país. Pueden tener carácter obligatorio o voluntario. Esta categoría también incluye normas emergentes que son emitidas en casos de emergencia y son válidas por seis meses.

Circulares: documentos internos de la administración pública que intentan aclarar, guiar, informar o interpretar los reglamentos de un superior a sus subordinados. Las circulares tienen como meta establecer la conducta que debe seguirse respecto a un acto o servicio de la administración pública. En esta categoría se incluyen, por ejemplo, los oficios o los dictámenes.

Fuente: OECD (2014), *Regulatory Policy in Mexico: Towards a Whole-of-Government Perspective to Regulatory Improvement*, OECD Publishing.

Apelaciones

Las entidades reguladas tienen a su disposición varios niveles de apelaciones contra decisiones tomadas por la ASEA. El primer paso es una apelación (recurso de revisión) directamente con la ASEA, a fin de resolver el problema en forma amistosa sin recurrir a tribunales. En este caso, la revisión es hecha por la unidad jurídica y la unidad técnica implicada. El proceso dura tres meses y, al finalizar, puede consultarse una versión pública de la deliberación, previa solicitud.

Las empresas pueden optar por iniciar procedimientos legales mediante un juicio contencioso administrativo o juicio de amparo en los tribunales federales. Después de esto, las apelaciones de segunda instancia se presentan al Tribunal Colegiado de Circuito. En mayo de 2016, en segunda instancia, la ASEA obtuvo un importante fallo que ratificaba la responsabilidad del operador por daños y perjuicios en los casos de tomas clandestinas de petróleo por parte del crimen organizado. Las decisiones tomadas en segunda instancia pueden apelarse ante la Suprema Corte de Justicia de la Nación (SCJN).

Los ciudadanos pueden interponer denuncias sobre incumplimiento o incidentes directamente ante la ASEA. A diciembre de 2016, la ASEA había recibido 675 quejas, de las cuales 228 fueron transferidas a la PROFEPA durante la fase de estabilización. Cuando se recibe una queja, y la ASEA tiene competencia sobre el tema, investiga e informa a la parte querellante.

Cuadro 3.9. **Apelaciones, juicios de amparo (a diciembre de 2016)**

Año	Recibidas	Resueltas	Pendientes	Comentarios
2015	45	34	11	7 en primera instancia 4 en segunda instancia
2016	84	36	48	38 en primera instancia 10 en segunda instancia

Fuente: Información proporcionada por la ASEA, 2017.

Cuadro 3.10. **Apelaciones, juicios contenciosos administrativos (a diciembre 2016)**

Año	Recibidas	Resueltas	Pendientes
2015-16	160	52	108

Fuente: Información proporcionada por la ASEA, 2017.

Herramientas de calidad regulatoria

La ASEA toma varios pasos para asegurar la calidad regulatoria internamente. Primero, un análisis realizado por la unidad de planeación, con base en los vacíos regulatorios o los riesgos del sector, se incorpora a las decisiones para redactar nuevos reglamentos. Segundo, la unidad de asuntos jurídicos apoya a la unidad normativa en el análisis de riesgos vinculado a las apelaciones constitucionales. Tercero, como se describe antes, la nueva regulación pasa por una etapa preliminar de proceso de consulta con los interesados, como aparece en la gráfica 3.4.

Finalmente, la ASEA realiza sistemáticamente evaluaciones de impacto regulatorio (EIR) para todas las actividades que imponen nuevos procesos sobre las entidades regulatorias. Las EIR pueden ser simples o mejoradas, de acuerdo con el nivel de riesgo (moderado o alto). Las EIR siempre incluyen un análisis de costos y beneficios que realiza la ASEA internamente o con el apoyo de expertos externos, dependiendo del alcance de la actividad regulatoria.

En la actualidad no hay ni plan ni requerimiento para evaluación *ex post* de las actividades regulatorias de la ASEA. Las normas oficiales deben revisarse cada cinco años para verificar su relevancia, pero los reglamentos o leyes de nivel más alto no tienen este requerimiento.

Recuadro 3.3. **Reglamentos emitidos por la ASEA, a diciembre de 2016**

- 13 de mayo de 2016: Sistemas de Administración de Seguridad Industrial y Protección al Medio Ambiente (SEMS).
- 23 de junio de 2016: Requisitos mínimos de seguros para los operadores de la industria.
- 23 de junio de 2016: Ampliación de la norma de emergencia NOM-EM-001-ASEA-2015 en relación con el diseño, mantenimiento y operación de las gasolineras.
- 29 de julio de 2016: Autorización, aprobación y evaluación del desempeño de terceros.
- 4 de noviembre: Informes de incidentes y accidentes.
- 7 de noviembre: Gasolineras.

Recuadro 3.3. **Reglamentos emitidos por la ASEA, a diciembre de 2016** (*cont.*)

- 14 de noviembre: Sistemas de recuperación de vapores.
- 24 de noviembre: Almacenamiento y terminales de distribución.
- 9 de diciembre de 2016: Inspección, exploración y producción de hidrocarburos.

Rendimiento y resultados

Evaluar el desempeño de las entidades reguladas

De acuerdo con los Sistemas de Administración de Seguridad Industrial y Protección al Medio Ambiente (Safety and Environmental Management Systems, SEMS), las entidades reguladas deben presentar anualmente a la ASEA información vinculada a todas las áreas de operaciones y desempeño. Incluyen: objetivos y metas; competencias y capacitación; comunicación y consulta; registro de documentos; controles y cambios; integridad mecánica y aseguramiento de calidad; seguridad del contratista (incluyendo resultados de la evaluación de desempeño de contratistas y medidas correctivas en caso de retrasos); monitoreo, verificación y evaluación; preparación para emergencias; auditorías: investigación de incidentes y accidentes (incluyendo indicadores de frecuencia y gravedad). La ASEA no ha publicado manuales para la compilación de esta información ni tampoco ha prescrito indicadores generales de desempeño específico, que podrían afectar la compilación y el análisis de los datos generales del sector. Los reglamentos, en cuanto a obligaciones de las entidades reguladas respecto a los SEMS, se emitieron en mayo de 2016, y la ASEA empezará a recibir información de la industria a partir de finales de 2018.

Con base en esta información, la ASEA prepara un informe anual sobre el desempeño del sector (la ASEA no publicará información en relación con el desempeño de operadores específicos). El primer informe de esta naturaleza se espera para 2019.

Evaluación del desempeño del regulador

La ASEA presenta sus informes anuales al Consejo Técnico; el informe es preparado por la unidad de planeación de la Agencia. El informe de 2015 fue aprobado por el Consejo Técnico en su reunión de septiembre de 2016. Dicho informe está disponible en el sitio web de la ASEA.[5] Este informe no se presenta en forma sistemática al Congreso.

Indicadores de desempeño

Para los reguladores, los indicadores de desempeño necesitan ajustarse al propósito de evaluación de rendimiento, que es una evaluación analítica y sistemática de las actividades del regulador, con el propósito de buscar confiabilidad y utilidad en ellas. La evaluación del desempeño no es ni una auditoria que juzgue cómo desarrollan su misión empleados y gerentes ni tampoco un control que haga hincapié en el cumplimiento de las normas (OCDE, 2004). Por consiguiente, los indicadores de desempeño necesitan evaluar el uso eficaz y efectivo de las aportaciones del regulador, la calidad de los procesos regulatorios e identificar el rendimiento y algunos resultados directos que pueden atribuirse a intervenciones del regulador. Los resultados más amplios deben servir como "atalaya" que proporcione la información que el regulador puede usar para identificar áreas problema, orientar las decisiones e identificar prioridades.

Los nueve objetivos estratégicos mantenidos para el primer periodo de planeación parecen enfocarse sobre todo a metas administrativas intermedias, más que a observar el desempeño máximo y los resultados del trabajo del regulador. Esto puede ser consecuencia, por un lado, de la decisión administrativa deliberada de enfocarse al establecimiento de sólidos procedimientos y estructuras organizacionales de gobernanza durante los primeros años de operaciones de la Agencia, así como de emplear una metodología Balance Scoreboard, herramienta administrativa desarrollada primordialmente por el sector privado, más que de la medición de las metas de políticas públicas.

La ASEA ha desarrollado 31 indicadores para medir el logro de los siete objetivos estratégicos seleccionados en el primer periodo de planeación (2016-18). Para algunos hay metas trimestrales para 2015-16, aunque 2015 está fuera del periodo de programación; las metas para el periodo completo de tres años aún no se han establecido. Los indicadores hacen referencia a resultados (R) o a tendencias (T), siendo T una especie de medida intermedia en la que el progreso es fácil de ver, y R algo más a mediano plazo. Sin embargo, ambos parecen estar encaminados a informes trimestrales.

Gráfica 3.5. **Indicadores de la ASEA según el marco aportación-proceso-rendimiento-resultado**

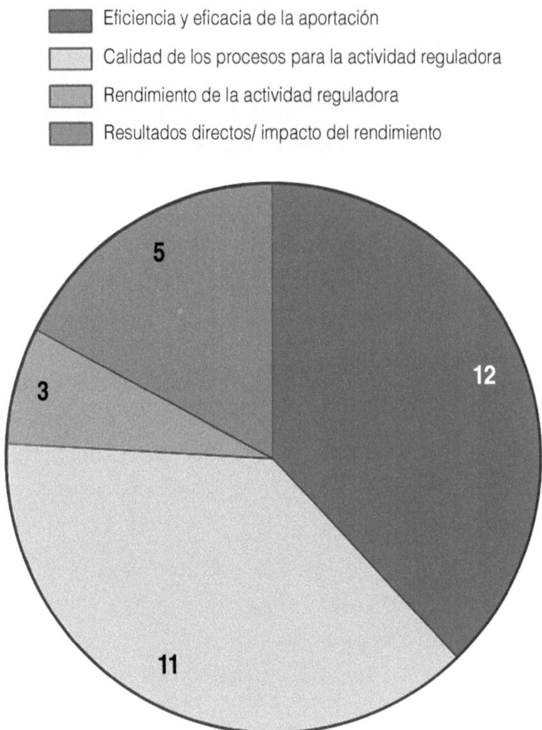

En enero de 2017, la alta dirección de la ASEA acordó adaptar los indicadores a la secuencia aportación-proceso-rendimiento-resultado. La unidad de planeación espera que los indicadores se ajusten a esta metodología para febrero de 2017. Al día de hoy, los indicadores se enfocan al desempeño ligado a la aportación y al proceso, más que al rendimiento y los resultados (gráfica 3.6).

Cuadro 3.11. **Objetivos estratégicos e indicadores de la ASEA 2015-18**

Objetivo estratégico y estrategia de implementación	Indicador	Medida	Tipo de indicador
1. Implementar gestión y planeación con base en riesgos	(R) Frecuencia de accidentes	Accidentes por un millón de horas/ hombre trabajadas (Indicador PEMEX)	Resultados más amplios
Estrategia: identificar y caracterizar el riesgo en la cadena de valor de los hidrocarburos con base en mejores prácticas internacionales.	(R) Gravedad de accidentes	Días perdidos por un millón de horas/ hombre trabajadas (Indicador PEMEX)	Resultados más amplios
	(R) Muertes por accidentes	Muertes por un millón de horas/ hombre trabajadas (Indicador PEMEX)	Resultados más amplios
	(T) Número de accidentes	Núm. total de accidentes durante el periodo	Resultados más amplios
	(T) Número de accidentes con ICR	Núm. total de accidentes con ICR durante el periodo	Resultados más amplios
2. Proponer una regulación basada en el riesgo	(R) Marco regulatorio para la gestión de riesgos	Núm. de reglamentos emitidos para gestión de riesgos	Proceso (análisis de riesgos)
Estrategia: Implementar un marco regulatorio para la gestión de riesgos en el sector de hidrocarburos.	(T) Proyectos preliminares	Núm. de proyectos preliminares para gestión de riesgos	Proceso (análisis de riesgos)
3. Mejorar el desempeño de la seguridad industrial y operativa y la protección ambiental mediante una gestión efectiva de otorgamiento de licencias y registros.	(T) Procesos transferidos	Núm. de procesos transferidos atendidos / Núm. total de procesos transferidos	Proceso (oportunidad)
	(T) Nuevos procesos 2015	Núm. de procesos transferidos atendidos / Núm. total de procesos nuevos	Proceso (oportunidad))
Estrategia: optimizar decisiones que contribuyan a minimizar riesgos	(T) Operación efectiva de otorgamiento de licencias y registros	Núm. de permisos y registros resueltos dentro del periodo legal/ Núm. de nuevos permisos y solicitud de registros.	Proceso (oportunidad)
4. Reducir el número e impacto de accidentes mediante inspección de riesgos críticos	(R) Logro del programa de inspección	Inspecciones conducidas / Núm. total de inspecciones planeadas	Proceso (oportunidad)
Estrategia: realizar inspección concentrada en los riesgos críticos	(R) Recopilación de ICR	ICR recopilado dentro del periodo legal / ICR con fecha límite	Proceso (oportunidad)
	(T) Vigilancia de procedimientos administrativos	Núm. de procedimientos administrativos cerrados / Núm. total de procedimientos administrativos	Proceso (oportunidad)
	(T) cumplimiento de inspecciones no programadas	Total de inspecciones no programadas	Proceso (oportunidad)
5. Operar basados en un modelo de arquitectura institucional (AI)	(R) Operaciones de acuerdo con AI	Núm. de proyectos desarrollados bajo AI / Núm. total de proyectos aprobados	Aportación
Estrategia: instalar un modelo de gobernanza que incluya procesos, sistemas e infraestructura para operaciones digitales.	(R) Desarrollo de macroprocesos	Núm. of macroprocesos desarrollados / Núm. de macroprocesos designados.	Aportación
	(T) Diseño de procesos	Núm. de procesos designados	Aportación
	(T) Desarrollo de procesos	Núm. de procesos desarrollados	Aportación
	(T) Operación por procesos	Núm. de procesos implementados	Aportación

Cuadro 3.11. **Objetivos estratégicos e indicadores de la ASEA 2015-18** (*cont.*)

Objetivo estratégico y estrategia de implementación	Indicador	Medida	Tipo de indicador
	(R) Operación digital	Núm. de sistemas digitalizados actualmente operando	
6. Operar con certeza regulatoria. Estrategia: garantizar la certeza regulatoria vía modem y decisiones eficientes (actos de autoridad) que refuercen la gestión de riesgos en el sector de hidrocarburos.	(R) Soluciones orientadas hacia gestión de riesgos en controversias	Resoluciones que mitigan los riesgos técnicos / Núm. de controversias	Proceso
	(R) Criterios regulatorios orientados hacia la gestión de riesgos	Criterios regulatorios / Reinterpretación después de apelación	Resultado de la actividad regulatoria
	(T) Decisiones ajustadas a criterios regulatorios de la ASEA	Decisiones que siguen los criterios regulatorios ASEA / Núm. total de decisiones	
	(T) Apelaciones (recursos de revisión)	Decisiones confirmadas en apelaciones / Apelaciones admitidas	Resultado de la actividad regulatoria
	(R) Soluciones orientadas a la gestión de riesgos en controversias	Resoluciones que mitigan riesgos técnicos/ Núm. de controversias	Proceso
7. Gestionar el talento eficientemente. Estrategia: desarrollar un modelo de competencia para un equipo altamente especializado y garantizar su permanencia	(R) Personal capacitado	Núm. de personal que recibió capacitación / Núm. total de personal	Aportación
	(R) Certificaciones en áreas sustantivas	Núm. de personal certificado / Núm. total de personal en áreas sustantivas	Aportación
	(R) Evaluación de desempeño	Núm. de personal con evaluación sobresaliente o satisfactoria/ Total de personal evaluado	Aportación
	(R) Encuesta de personal sobre entorno y cultura laboral	Encuesta 2015 vs. encuesta 2016	Aportación
	(T) Estrategia/ módulo de capital humano	Fases ejecutadas/ fases planeadas	Aportación
	(T) Estrategia/ módulo de cultura y liderazgo	Fase ejecutada/ fases planeadas	Aportación

Nota: Este cuadro se refiere a los siete OE que fueron "activados" en 2015 para ser vigilados por la ASEA durante 2016-18. En enero de 2017 se tomó la decisión de añadir otros dos OE y los indicadores se estaban definiendo al terminar este informe.

Notas

1. Tasa de cambio al 27 de mayo de 2016, MXN 1 = EUR 0.0484.
2. www.gob.mx/asea/documentos/lineamientos-de-operacion-del-consejo-tecnico-de-la-asea#.
3. www.gob.mx/asea/documentos/audiencias-asea.
4. Artículo 9º: www.banxico.org.mx/disposiciones/marco-juridico/otras-disposiciones-aplicables-al-banco-de-mexico/disposiciones-en-materia-de-responsabilidad-admini/leyes-y-reglamentos/%7B53DC7C5A-549D-A50B-F29D-4FC49B875FFF%7D.pdf
5. www.gob.mx/asea/documentos/primer-informe-anual-de-labores.

Bibliografía

OECD (2016), *Governance of Regulators' Practices: Accountability, Transparency and Co-ordination*, OECD Publishing, París, http://dx.doi.org/10.1787/9789264255388-en.

OECD (2015a), OECD Revenue Statistics, OECD Publishing, París.

OECD (2015b), OECD Economic Surveys: Mexico, OECD Publishing, París, http://dx.doi.org/10.1787/eco_surveys-mex-2015-en.

OECD (2014), *Regulatory Policy in Mexico: Towards a Whole-of-Government Perspective to Regulatory Improvement*, OECD Publishing, París, http://dx.doi.org/10.1787/9789264203389-en.

OECD (2013), *Getting It Right: Strategic Agenda for Reforms in Mexico*, OECD Publishing, París, http://dx.doi.org/10.1787/9789264190320-en.

OECD (2004), "The choice of tools for enhancing policy impact: evaluation and review", OECD, París.

Schumann, A. (2016), "Using Outcome Indicators to Improve Policies", *OECD regional Development Working Papers*, 2016/2, OECD Publishing, París, http://dx.doi.org/10.1787/5jm5cgr8j532-en.

ORGANIZACIÓN DE COOPERACIÓN Y DE DESARROLLO ECONÓMICOS (OCDE)

La OCDE constituye un foro único en su género, donde los gobiernos trabajan conjuntamente para afrontar los retos económicos, sociales y medioambientales que plantea la globalización. La OCDE está a la vanguardia de los esfuerzos emprendidos para ayudar a los gobiernos a entender y responder a los cambios y preocupaciones del mundo actual, como el gobierno corporativo, la economía de la información y los retos que genera el envejecimiento de la población. La Organización ofrece a los gobiernos un marco en el que pueden comparar sus experiencias políticas, buscar respuestas a problemas comunes, identificar buenas prácticas y trabajar en la coordinación de políticas nacionales e internacionales.

Los países miembros de la OCDE son: Alemania, Australia, Austria, Bélgica, Canadá, Chile, Corea, Dinamarca, Eslovenia, España, Estados Unidos de América, Estonia, Finlandia, Francia, Grecia, Hungría, Irlanda, Islandia, Israel, Italia, Japón, Letonia, Luxemburgo, México, Noruega, Nueva Zelanda, Países Bajos, Polonia, Portugal, Reino Unido, República Checa, República Eslovaca, Suecia, Suiza y Turquía. La Comisión Europea participa en el trabajo de la OCDE.

Las publicaciones de la OCDE aseguran una amplia difusión de los trabajos de la Organización. Éstos incluyen los resultados de la compilación de estadísticas, los trabajos de investigación sobre temas económicos, sociales y medioambientales, así como las convenciones, directrices y los modelos desarrollados por los países miembros.

ÉDITIONS OCDE, 2, rue André-Pascal, 75775 PARÍS CEDEX 16
(42 2017 37 4 P) ISBN 978-92-64-28100-4 – 2017

www.ingramcontent.com/pod-product-compliance
Lightning Source LLC
LaVergne TN
LVHW070215110826
845147LV00003B/578
* 9 7 8 9 2 6 4 2 8 1 0 0 4 *